VIDA & SUCESSO

FERNANDO SÉRGIO

VIDA & SUCESSO

Uma Visão
Espiritualista e Ecumênica
do Nosso Tempo

1ª edição

Editora Ideia Jurídica

VIDA E SUCESSO
UMA VISÃO ESPIRITUALISTA E
ECUMÊNICA DO NOSSO TEMPO

COPYRIGHT© EDITORA IDEIA JURÍDICA LTDA.

Editor:	*Cláudio Luiz Brandão José*
Capa:	*Felipe Valente, Rogério Mota*
Diagramação:	*Rogério Mota*
Revisão:	*Samira Valente da Costa*
1ª edição	*2013*
Impresso no Brasil	*Printed in Brazil*

Editora Ideia Jurídica Ltda.
ideiajur@gmail.com
Tel. (21) 2509-5551

Todos os direitos de reprodução, cópia, comunicação ao público e exploração econômica desta obra estão reservados única e exclusivamente para a Editora Ideia Jurídica Ltda. Proibida a reprodução parcial ou total da mesma, através de qualquer forma, meio ou processo eletrônico, digital, fotocópia, microfilme, Internet, CD-ROM, sem prévia e expressa autorização da Editora, nos termos da lei 9.610/98 que regulamenta os direitos de autor e conexos.

DADOS INTERNACIONAIS PARA CATALOGAÇÃO NA PUBLICAÇÃO (CIP)

S491v

Sérgio, Fernando
  Vida & sucesso : uma visão espiritualista e ecumênica do nosso tempo / Sérgio Fernando. - 1. ed. - Rio de Janeiro : Ideia Jurídica, 2013.
  142 p. ; 21 cm.

  ISBN 978-85-87873-34-7

  1. Espiritismo. I. Título. II. Título: Vida e sucesso.

CDD- 133.9

JOSÉ CARLOS DOS SANTOS MACEDO — BIBLIOTECÁRIO CRB7 N.3575

Sumário

Prefácio 9
Prece de Cáritas 13
A previsão do realejo 15
O sucesso 18
O medo 20
A *Bíblia* 22
Os Espíritos Santos de Deus 26
Violência e fracasso 27
A morte do querido Buba 28
Celibato e sexo 30
Divórcio 32
O aborto 34
A traição 36
Notícias ruins 38
O inferno 40
A maconha 43
A depressão no Natal 45
O Pai-Nosso 47
As diferenças religiosas 48
O tsunami 50
O homossexual 52
A reencarnação 56
A vida é uma só! 61
Dúvida 63
O mandamento 64
Demitido por causa do tóxico 66
O livre-arbítrio 68
A macumba 69

O ateu 71
Ciúmes demais! 73
Sobre a prosperidade física 74
Dúvida sobre Deus 76
As promessas para os santos 78
Homossexuais 82
O racismo 83
A solidariedade 84
A felicidade 85
Os extraterrestres 87
A depressão 89
O "servo de Deus" 91
O suicídio 93
O câncer 95
O termo correto? 97
Allan Kardec - O codificador da doutrina espírita 99
A intolerância religiosa 106
Bem-sucedido? 109
O ateu que sonhou 111
As mortes em Santa Maria (RS) 114
O adultério 118
A fórmula do sucesso 120
Sucesso financeiro 122
Os conflitos religiosos 124
Vida passada 126
Os *gays* 129
O amor 132
Simples assim! 137
O lamentável fundamentalismo fanático 138
Palavras finais 141

AGRADEÇO...

...a Deus, pelo milagre da vida.

...à minha mulher, jornalista Samira Valente da Costa.

...aos meus filhos Sérgio Henrique, Cristiano André, Marcelo "Piuí", Felipe e Bruno.

...à minha neta, Camille.

...ao diretor-geral da Super Rádio Tupi, Alfredo Raymundo Filho.

...ao meu amigo e padrinho literário, Gerson Simões Monteiro.

...ao meu amigo e editor, Claudio Brandão José.

...a todos os meus amigos espirituais, físicos e virtuais.

...a todos os meus queridos ouvintes do rádio.

***

Em memória dos meus pais, Antonio Francisco e Jandyra Grandinetti Pinto, e do meu irmão, Antonio Célio Pinto.

PREFÁCIO

Quando Fernando Sérgio estava para lançar o seu livro *50 anos de comunicação – História, "causos" & poesias*, enviei a seguinte manifestação de amizade e reconhecimento pelo seu trabalho na radiofonia brasileira, a qual está registrada em "Palavras de amigos", nessa obra:

"Os laços indestrutíveis da amizade são solidificados ao passar dos anos. E foi o que aconteceu ao longo de mais de uma década de convivência com Fernando Sérgio. Nessa convivência, sempre o admirei pela sua serenidade e sua elegância verbal. O seu perfil se coaduna com aquilo que consideramos um Homem de Bem. Passei a admirá-lo, mais ainda, ao acompanhar o seu profissionalismo e sua seriedade diante dos microfones da Super Rádio Tupi, pelas madrugadas a fio, no desempenho da sagrada missão de comunicador, não só apresentando a informação construtiva, mas, principalmente, transmitindo com o seu calor humano, sentimento que lhe é peculiar, as mensagens de conforto e de esperança aos corações de seus irmãos sofredores. Deus o abençoe nessa cinquentenária trajetória de dedicação ao grande veículo de comunicação – o rádio –, na construção de um mundo melhor."

Agora, Fernando Sérgio me dá a honra de prefaciar o seu novo livro, *Vida & Sucesso*, baseado no quadro "Uma palavra amiga", em que, respondendo a dezenas de milhares de ouvintes, faz sucesso há décadas no rádio brasileiro.

O sucesso do quadro radiofônico "Uma palavra amiga", que é apresentado desde 1983 por Fernando Sérgio, chega agora até o leitor reunindo os melhores casos com as dúvidas de inúmeros ouvintes, sendo respondidas com a opinião franca e direta do radialista, espiritualista e comunicador social. O livro tem esse nome porque a ideia do quadro sempre foi ajudar as pessoas a serem bem-sucedidas nas suas vidas físicas e espirituais.

Aliás, Fernando Sérgio sempre afirma: "Não é conselho e, sim, opinião. E opinião é algo que o ouvinte segue se achar que deve. Caso contrário, descarta-a e, pelo menos, sabe o que não quer fazer".

"Vida & Sucesso" é a síntese de centenas de milhares de dúvidas de ouvintes do rádio que têm buscado, ao longo dos anos, numa opinião sincera, a solução dos seus problemas. E na verdade, para muitos, o quadro radiofônico "Uma palavra amiga" tem sido de grande valia, a julgar pelos inúmeros *e-mails* recebidos anualmente pelo radialista; *e-mails* estes que se identificam com as opiniões propostas.

O leitor pode estar seguro de que a leitura deste livro representa uma crônica de quase todos os problemas vividos por milhares de pessoas e lê-lo, aumenta relevantemente as diversas possibilidades de solucioná-los.

Vida e Sucesso
Uma Visão Espiritualista e Ecumênica do Nosso Tempo

A você, Fernando Sérgio, sucesso nessa nova empreitada e que os seus incontáveis ouvintes/leitores desfrutem da sua inteligência e sabedoria ao lerem essa inspirada obra: Vida & Sucesso.

Gerson Simões Monteiro
Economista, escritor espírita e diretor da Rádio Rio de Janeiro

PRECE DE CÁRITAS[1]

Deus, nosso Pai, que sois todo poder e bondade, dai força àquele que passa pela provação; dai luz àquele que procura a verdade, pondo no coração do homem a compaixão e a caridade. Deus, dai ao viajor a estrela-guia; ao aflito, a consolação; ao doente, o repouso. Pai, dai ao culpado o arrependimento; ao espírito, a verdade; à criança, o guia; ao órfão, o pai. Senhor, que a Vossa bondade se estenda sobre tudo o que criastes. Piedade, Senhor, para aqueles que não Vos conhecem; esperança para aqueles que sofrem. Que a Vossa bondade permita aos espíritos consoladores derramarem por toda parte a paz, a esperança e a fé. Deus, um raio, uma faísca do Vosso amor pode abrasar a Terra. Deixa-nos beber nas fontes dessa bondade fecunda e infinita, e todas as lágrimas secarão, todas as dores se acalmarão. Um só coração, um só pensamento subirá até Vós, como um grito de reconhecimento e amor. Como Moisés sobre a montanha, nós Vos esperamos com os braços abertos, oh! poder..., oh! bondade..., oh! beleza..., oh!, perfeição..., e queremos

---

[1] A Prece de Cáritas, belíssima oração cuja mensagem poderia nortear toda e qualquer religião, foi psicografada, em 1873, por madame W. Krell, em um grupo espírita que se reunia em Bordeaux, na França.

de alguma sorte alcançar a Vossa misericórdia. Deus, dai-nos a força de ajudar o progresso a fim de subirmos até Vós. Dai-nos a caridade pura; dai-nos a fé e a razão; dai-nos a simplicidade que fará de nossas almas o espelho onde deve refletir a Vossa santa e misericordiosa imagem.

"A alma do homem é como a água: vem do céu e volta para o céu, para depois voltar à Terra, em um eterno ir e vir." (GOETHE – Escritor e poeta alemão)

A PREVISÃO DO REALEJO

Depois de 51 anos na profissão de radialista, ainda me surpreendo com o meu amor pelo rádio! Por fora, a aparência já acusa a passagem do tempo, mas por dentro, a mesma vontade dos 20 anos, a mesma disposição mental e a "dona maturidade", por vezes, arrumando a casa... Por isso mesmo, escrevo este livro; afinal, escrever é uma outra paixão minha, tal qual sou apaixonado pela vida.

Quando garoto ainda, lá pelos doze anos de idade, em Juiz de Fora, estava com um coleguinha de colégio quando vi um realejo, daqueles que o periquito tira a sorte... Tirei. E deu que eu viveria até os 62 anos, o que, do ponto de vista dos meus quase treze anos, era muita coisa... Exultei!

Os anos foram passando, a idade chegando e, com ela, o receio de que a morte estava à espreita...

Quando fiz 60 anos, pensei: será que só restam dois?! Aos 61, relaxei... Fazer o quê?! No ano em que fiz 62 anos, quando me lembrava da previsão, tinha curtos momentos de apreensão... claro!

Mas, graças ao meu conhecimento espiritualista, tranquilizei-me. Isto porque sei que a morte não é outra coisa que não seja uma passagem para o plano espiritual. A previsão estava errada, e a mim sobrou uma grande lição!

Por vezes, ao nos apegarmos às coisas do passado, deixamos de viver o presente em toda a sua plenitude. No entanto, sem o passado, como aprender?!

Por isso, hoje, aos 67 anos de idade, resolvi botar no papel o que aprendi com meus ouvintes de rádio que me confiaram seus problemas no quadro "Uma palavra amiga", ao longo dos trinta anos de existência desse quadro. Ele nasceu na Rádio Bandeirantes e passou pelas rádios Manchete e Tamoio, todas no Rio de Janeiro, sendo apresentado há dezoito anos na minha querida Super Rádio Tupi.

Creio em Deus, em Jesus, em Maria, mas também creio na existência dos Espíritos de Luz, encarnados ou desencarnados, assim como creio na existência dos extraterrestres e na reencarnação.

Por essa crença realmente forte, manifesta desde que eu me entendo por gente, a primeira vez em que tive essa oportunidade no rádio, em 1984, na Rádio Bandeirantes do Rio, criei o quadro "Uma palavra amiga", seguido da "Oração ecumênica", na qual rezo a Prece de Cáritas e o Pai-Nosso, homenageando todas as religiões voltadas para o bem do ser humano, independentemente de suas diferentes crenças.

Não apresento esse quadro com o sentido de aconselhar, porque sou falível como qualquer ser humano, mas sim com a vontade de me solidarizar e opinar. Opinião é coisa que se segue ou não.

Vida e Sucesso
Uma Visão Espiritualista e Ecumênica do Nosso Tempo

No entanto, dou-me por feliz se para alguém, em algum momento, a minha opinião tiver servido de ajuda. E parece que serviu para muita gente, a julgar pelos *e-mails* de agradecimento que recebo diariamente.

O quadro "Uma palavra amiga" tem sido a minha maneira de dizer que amo a vida, amo a minha família, amo os meus amigos; mas, sobretudo, amo a Deus, o criador de todas as coisas.

Por isso mesmo, quero dar esse meu modesto testemunho, ao mesmo tempo em que peço a Ele e aos seus Espíritos de Luz, as bênçãos necessárias para que este livro possa ajudar as pessoas que dele necessitem. Caso isso aconteça, já me darei por feliz. Exatamente por isso, o presente livro chama-se "Vida & Sucesso", porque visa ajudar você, leitor, a ter uma vida feliz.

Deus seja louvado!

Rio de Janeiro, ano da graça do Senhor de 2013

Fernando Sérgio Grandinetti Pinto

"A candeia do corpo são os olhos; de sorte que, se teus olhos forem bons, todo o teu corpo terá luz." (*Mateus*, 6:22)

O SUCESSO

"Fernando, tenho 16 anos e me impressiona que um cara de 67 anos como você trabalhe todos os dias da meia-noite às três da manhã, ao vivo, apresentando um programa líder de audiência e sem se cansar. E olha que você faz isso há 51 anos e, segundo diz, ainda tem energia para fazer suas caminhadas pelas ruas da Tijuca. Você não tem medo de voltar para casa de madrugada, numa cidade violenta como o Rio de Janeiro? Como é isso? O que fazer para ter esse sucesso todo?"

— Primeiramente, confiar em Deus e saber que nada acontece por acaso! Depois, amar o rádio! Mas orar também é muito bom. Eu tenho uma pequena oração que guardo comigo desde tenra idade e todas as noites a rezo, antes de sair:

Santo anjo do Senhor,
meu zeloso guardador,
se a ti me confiou
a piedade Divina,
sempre me rege, me guarda,
me governa e me ilumina. Amém.

E lá vou eu, madrugada afora... Ter a certeza de que você está fazendo um trabalho honesto, útil e companheiro das pessoas é fundamental para que você possa se sentir bem. Sucesso, meu querido amiguinho, não é ter bens em excesso, dinheiro demais, prêmios em profusão ou mesmo ter uma aparência jovem, não.

Claro que tudo isso pode ser bom, desde que você saiba administrar a sua vida com responsabilidade e amor ao próximo. Mas, o sucesso você começa a obter quando sabe das suas limitações, ama a vida, descobre a sua vocação e não se cansa de aprender.

O fundamental é amar as pessoas, amar a sua profissão e, por óbvio, amar a vida. O resto, Deus faz!

"Eduque a criança de hoje para não ter de prender o homem de amanhã."
(Darcy Ribeiro – Antropólogo, escritor e político brasileiro)

O MEDO

"Tenho inteligência, sou estudioso, mas sou tímido e tenho medo, muito medo de me lançar no mercado de trabalho... Você não teve medo quando começou?"

– Querido, medo é um sentimento inerente ao ser humano. Todos o temos, em maior ou menor escala. No entanto, quando jovem, eu dizia que não tinha medo, mas, sim, receio. Pura bravata, afinal, receio e medo são palavras que significam a mesma coisa.

Então, amigo, o segredo é conviver com o medo e entendê-lo como um mecanismo que nos deixa sempre em estado de alerta, mas o importante é jamais nos deixarmos dominar por ele. O medo faz com que você avalie os riscos e se proteja deles. Neste sentido, o medo é importante. No entanto, o oposto do medo é a coragem e dela necessitamos para ultrapassar todo e qualquer obstáculo.

Portanto, amigo, respondendo à sua pergunta, claro, sempre tive medo, mas jamais me deixei ser dominado por ele. Para dominar o medo, primeiro temos de ter fé em Deus e, depois, fé em nós mesmos. Não se deixe dominar pelo medo de se lançar no mercado de trabalho ou de qualquer outra coisa. Não. Prepare-se!

Diga repetidas vezes enquanto respira profunda e lentamente: "O meu preparo e a minha fé são maiores do que o medo que estou sentindo". Você verá que a ansiedade gerada pelo medo há de se dissipar, afinal, como lhe disse, o medo é apenas um alerta para que saibamos controlá-lo e para que, avaliando os riscos, saibamos ultrapassar nossos obstáculos com segurança.

"Sede misericordiosos,como também o vosso Pai é misericordioso." (*Lucas*, 6:36)
"Não julgueis e não sereis julgados; não condeneis e não sereis condenados; soltai e soltar-vos-ão." (*Lucas*, 6:37)
"E por que atentas tu no argueiro que está no olho de teu irmão e não reparas na trave que está no teu próprio olho?" (*Lucas*, 6:41)

A BÍBLIA

"O que dizer, amigo, daqueles que levam ao pé da letra o texto bíblico, como os fundamentalistas, que dizem que os homossexuais queimarão no inferno com base nesta passagem do Antigo Testamento: 'Quando também um homem se deitar com outro homem, como com mulher, ambos fizeram abominação, certamente morrerão; o seu sangue será sobre eles'?" (*Levítico*, 20:13)

– Faz-se necessário perceber que, embora inspirado por Deus, o texto bíblico sofre a influência daqueles que o psicografaram. E, sobretudo, faz-se necessário perceber que tais textos foram escritos há milhares de anos e originalmente em aramaico, tendo sofrido milhares de traduções desde o grego até para os muitos idiomas de hoje. Muitas dessas traduções dão sentidos diferentes às palavras originais. Por isso se faz necessário interpretar a Bíblia de acordo com a nossa época.

Em relação ao texto a que você alude, amigo, sobre os homossexuais, podemos interpretar que "a morte recairá" significava, para um povo que vivia numa época muito mais ignorante e atrasada do que a nossa, que as minorias iriam sofrer o forte preconceito das maiorias e que isso poderia "matar moralmente", no sentido de provocar profundo desconforto e rejeição.

Daí, consegue-se perceber que o escriba psicografou um texto com grande dose de "animismo" (de sua própria interferência e de acordo com os valores daquela época) e que tal texto, lido milhares de anos depois, tem de ser relativizado, aliás, como relativizados têm de ser os trechos bíblicos a seguir:

"Quando eu queimo um touro no altar como sacrifício, eu sei que isso cria um odor agradável para o Senhor." (*Levítico*, 1:9)

É permitida a venda de uma filha como escrava. (*Êxodo*, 21:7)

Não é permitido ter contato com uma mulher enquanto ela está em seu período de impureza menstrual. (Levítico 15:19-24)

Pode possuir escravos, tanto homens quanto mulheres, se eles forem comprados de nações vizinhas. (*Levítico*, 25:44)

Quem trabalhar no sábado morrerá. (*Êxodo*, 35:2)

Não posso me aproximar do altar de Deus se eu tiver algum defeito. (*Levítico*, 21:20)

É proibido aos homens apararem suas barbas. (*Levítico*, 19:27)

Após ter matado Abel, Caim, expulso por Deus, foi parar em terras distantes, onde conheceu uma mulher e teve filhos. (*Gênesis*, 4:8-17)

"E conheceu Caim a sua mulher, e ela concebeu e deu à luz Enoque: e ele edificou uma cidade e chamou o nome da cidade conforme o nome do seu filho Enoque." (*Gênesis*, 4:17)

Que mulher é essa, já que, ao pé da letra, a Bíblia afirma que Eva era a única mulher que havia no mundo e que dela todos se originaram?!

Neste caso, claro está que o texto sagrado conta uma parábola (a exemplo das parábolas contadas por Jesus), a história de Adão e Eva, para que as mentes simples da época entendessem a povoação da Terra de uma forma igualmente simples, ou seja, do hipotético casal Adão e Eva, mas que, de fato, na medida em que se evolui espiritualmente, podemos perceber de que a Terra foi povoada por muitos "anjos caídos" e, portanto, a Bíblia, melhor compreendida, conta uma parábola que nos fala da raça "adâmica", ou seja, dos primeiros habitantes e que estes foram muitos e em lugares diferentes.

O escriba da Gênesis, num ato aparentemente falho mas guiado pelos espíritos santos de Deus para que se descobrisse mais tarde, "deixou escapar" o raciocínio de que, a se crer na existência única de Adão e Eva, não haveria como se tornar verdadeira a afirmação de que Caim, após expulso do paraíso, encontrou outra mulher para constituir família. Ele a encontrou, portanto, existiam outros seres que não o só mítico casal.

Como se vê, a Bíblia é, de fato, um livro inspirado por Deus, escrito por muitos ao longo dos tempos, e nos

Vida e Sucesso
Uma Visão Espiritualista e Ecumênica do Nosso Tempo

convida diariamente a estudá-la e interpretá-la, tendo, na realidade, inúmeras lições a serem reveladas à luz da nossa evolução. Mas, nem todas ao pé da letra!

"Tu te tornas eternamente responsável por aquilo que cativas." (Antoine de Saint-Exupéry – Escritor e ilustrador francês)

OS ESPÍRITOS SANTOS DE DEUS

"Você diz frequentemente que o Espírito Santo representa a grande falange dos espíritos santificados de Deus que se comunicam com a gente. Existe alguma passagem bíblica que justifique essa afirmação?"

– Sim, amiga, e a seguir estão duas:

"Porque é impossível que os que já uma vez foram iluminados, e provaram o dom celestial, e se tornaram participantes do Espírito Santo."

"Porque Deus não é injusto para se esquecer da vossa obra e do trabalho do amor que, para com o seu nome mostrastes, enquanto servistes aos santos [espíritos] e ainda servis."

(Epístola do apóstolo Paulo aos hebreus 6:4 e 10)

"A não violência nos leva aos mais altos conceitos da ética, objetivo de toda a evolução. Até pararmos de prejudicar todos os outros seres do planeta, continuaremos selvagens." (THOMAS EDSON – Inventor e empresário norte-americano)

VIOLÊNCIA E FRACASSO

"Você fala muito em sucesso, mas o fracasso não é uma violência, amigo?"

– Não. O fracasso nos diz que ainda não aprendemos o suficiente para sermos bem-sucedidos. É aquela velha história de um copo d´água cheio até a metade; uns verão que ele está vazio e outros, que ele está meio cheio. Tudo depende do ponto de vista.

Os que vêm o copo vazio, com certeza, vão lastimar e reclamar. Os que o veem meio cheio vão botá-lo embaixo da torneira e vão enchê-lo com pequeno esforço.

Assim, amigo, o fracasso ou a crise são momentos que poderão ser de grande utilidade para o nosso aprendizado. Basta saber analisá-lo!

Aprende-se muito mais nas derrotas do que nas vitórias. E, por certo, a derrota, bem analisada, há de consolidar a vitória de amanhã...

Por sua vez, toda e qualquer violência é motivo de atraso e profundo sofrimento para quem a recebe e para quem a aplica.

"Os animais dividem conosco o privilégio de ter uma alma." (Pitágoras – Matemático, filósofo, astrônomo, músico e místico grego)

A MORTE DO QUERIDO BUBA

"Fernando, estou muito triste. Meu cãozinho Buba se foi, depois de doze anos de convivência amorosa comigo. Isso é ou não é um grande problema? Por que sofro tanto? O que acontece quando os animais desencarnam? Eles possuem alma?"

– Com certeza. No entanto, amiga, infelizmente e por ignorância, muitos religiosos irão repetir o mesmo comportamento da igreja oficial à época da escravidão, a qual proclamava aos quatro ventos que os negros poderiam ser escravizados porque não tinham alma!

Pois é, agora, para essa mesma igreja, eles, os negros, a possuem... No entanto, nem essa igreja nem as outras se preocupam com os animais, e tais religiosos ou negarão isso ou não saberão responder a sua pergunta.

Os animais são nossos companheiros de jornada e, por muitas vezes, nossos instrutores, estando também na escala da evolução.

O mais orgulhoso religioso foi um animal irracional em outras eras.

A escala evolutiva não para, e a grande novidade para aqueles que não sabem disso é que toda criatura tem alma ou, se preferir, espírito. Ou seja: só se vive na vida material porque o espírito dá a vida ao corpo.

Quando o espírito se retira, do homem ou do animal, aquele corpo físico cai inerte e é a isso que chamamos de morte. O espírito sobrevive ao corpo e é eterno.

É natural que você sinta a ausência e chore a morte do Buba, mas veja: das duas uma – ou o seu cãozinho está sendo tratado por veterinários no plano espiritual ou já está reencarnado e, quem sabe, continuando suas andanças pelo mundo e fazendo a alegria de uma outra pessoa.

A boa notícia é que a morte física do justo, acresce sabedoria ao espírito, da mesma forma que agrega a juventude perdida.

"Apressa-te a viver bem e pensa que cada dia é, por si só, uma vida." (LUCIUS ANNAEUS SÊNECA – Filósofo e escritor romano)

CELIBATO E SEXO

"Caro Fernando Sérgio: o que você acha do celibato? É verdade que o sexo foi feito tão somente para procriarmos?"

– Olha, amiga, eu respeito quem é celibatário, mas não sou a favor. Não acredito que alguém que se prive de um dos sentidos da vida possa se tornar melhor por isso. Mas, como disse, respeito, desde que essa pessoa realmente consiga transferir a energia sexual para alguma obra humanitária e, uma vez decidida, conscientemente siga o seu caminho. No geral, penso, essa decisão de ser celibatário sempre será conflitiva, no entanto, admito, pessoas há que conseguem viver assim com razoável aproveitamento.

Para alguns esotéricos, a economia da energia sexual é importante para o despertar da energia espiritual, mas não são todos que pensam dessa forma.

Quanto à sua segunda pergunta, amiga, a resposta é não. Ao contrário do que dizem alguns palestrantes religiosos mal informados, o sexo não foi feito, única e exclusivamente, para que procriemos.

Hoje, a ciência da sexologia é a primeira a afirmar que o sexo, ao levar o homem ao gozo, provoca o descarregamento de tensões e o ajuda a relaxar no seu dia a dia, além de, eventualmente, fazê-lo procriar.

O importante no sexo é fazê-lo com respeito ao parceiro e com a anuência deste, podendo ser feito com ou sem amor. Mas todos sabemos que com amor é muito melhor.

"Sê tu a salvação de ti mesmo." (Ashna Pahlavi – Lama tibetano)

DIVÓRCIO

"Meus pais se divorciaram há décadas e até hoje sofro com essa separação. Acho que a minha vida não anda por causa disso... O que você acha?"

– Amigo, embora entenda que o ideal seria o casamento sem a separação posterior, sei que nem sempre isso é possível. Claro está que quando acontece uma separação entre um casal com filhos, também aparece mais um trauma a ser superado. Mas a vida é cheia de traumas e, por que não dizer, de separações. O que acontece é que, quando o sacerdote diz "até que a morte vos separe", ele está manifestando um desejo e uma suposição! Vale dizer: nem sempre isso acontece.

Quando, por motivos diversos, foram esgotadas todas as tentativas de ficar junto sem sucesso, torna-se inevitável a separação. Por isso é que a lei faculta o divórcio, afinal, ambas as partes têm o direito de reconstruir suas vidas.

Claro que uma separação marca a todos, mas daí, meu amigo, a achar que essa separação é que não faz a sua vida andar, convenhamos, é exagero seu e, inconscientemente, comodismo da sua parte.

Existem inúmeros de filhos de casais separados no mundo e que, superando o trauma da separação, tocaram as suas vidas e têm tido êxito. Caso você queira, isso não será diferente para você.

Quando você diz "meus pais se divorciaram há décadas", revela também que você está encontrando uma desculpa para não se permitir progredir.

Amigo, vá à luta! Junte os "caquinhos", minimize o trauma da separação e entenda, de uma vez por todas, que o seu progresso só depende do seu esforço, da sua competência e da sua fé em si mesmo!

"Finalmente, deu à luz outro menino, e grande foi a alegria do pai, que exclamou: 'Um filho!'. Naquele dia, ele foi o único a se sentir tão feliz, pois a mãe, prostrada e pálida, jazia deitada, o espírito entorpecido... E gemeu, angustiada, pensando menos no novo filho do que no filho ausente: "O meu anjo está morto e eu não estou ao seu lado!". Foi então que, falando através da criança que tinha nos braços, ela ouviu mais uma vez a voz adorada: "Sou eu que estou aqui, mas não contes a ninguém!". E a criança fitou o seu rosto."
(Victor Hugo – Poeta, dramaturgo e ensaísta francês)

O ABORTO

"Fiz um aborto e isso é sempre recorrente na minha mente. Para buscar consolo, fui a uma palestra de um religioso e qual não foi a minha decepção: saí pior do que entrei, porque o palestrante arrasou com todas as mulheres que fizeram o aborto, sem a menor sensibilidade e diante de uma plateia de 300 pessoas, das quais a maioria era do sexo feminino. Pergunto: é sempre assim? Devo estar irremediavelmente condenada?"

– Não, querida, não é sempre assim. Ninguém, em circunstância alguma, está "irremediavelmente condenado". Faltou, como você mesma disse, sensibilidade a esse religioso palestrante...

Verdade que as que cometem aborto sofrem mais. Você mesmo é um exemplo disso quando afirma "isso é sempre recorrente na minha mente".

Verdade que o ideal seria jamais ter feito o aborto, mas desde quando o ideal prevalece? Errar é humano e perdoar é Divino.

No atual momento de nossas vidas, o ser humano debate-se muitas vezes sem saber o que é certo e o que é errado. Para as religiões, é fácil dizer "não faça o aborto", e eu também digo o mesmo.

Mas, uma vez consumado o ato, o que fazer com aquelas que dele saem absolutamente traumatizadas e quase sempre arrependidas?

Por isso mesmo sou daqueles que recomendam que não se faça o aborto, não só porque é contra a lei de Deus, mas porque tal ato soma uma carga enorme de sofrimento, tanto para aquela que seria mãe, como para aquele que seria pai, além de atrasar consideravelmente a jornada do espírito reencarnante.

No entanto, como falar para aquelas que já fizeram aborto? Há que se ter sensibilidade, mesmo ao afirmar que a lei da causa e do efeito será inevitável, explicando que a maior de todas as dádivas de Deus é a misericórdia.

Disse Jesus: "Não condeneis para não serdes condenados".

Todo palestrante, ao mesmo tempo em que se posiciona contra o aborto, deve fazer a ressalva de que, se naquela plateia estiverem pessoas que já o cometeram, que elas saibam que nada mais lhes será imposto, senão o seu próprio sofrimento...

E mais do que isso: erros à parte, ali irão encontrar irmãos que não julgam e, por isso mesmo, têm os braços abertos para ampará-los com amor e fraternidade!

"A minha vida, tal como a vivi, muitas vezes me pareceu uma história sem começo nem fim. Eu tinha a sensação de ser um fragmento histórico, um trecho ao qual faltava o trecho anterior e o seguinte. Podia perfeitamente imaginar ter vivido em séculos precedentes, onde encontrava perguntas que ainda não era capaz de responder; que teria de nascer de novo por não ter cumprido a tarefa que havia sido designada." (Karl Jung – Psiquiatra e pensador suíço)

A TRAIÇÃO

"Fui traído pela minha mulher e tive vontade de matá-la...".

– Mate não. Por maior que seja o seu sofrimento, amigo, ele é momentâneo e não vale a sua vida.

Sim, porque se você a mata, é a si mesmo que estará matando. Nenhum ser humano pertence a outro. Somos todos irmãos na trilha da vida, entre encontros e desencontros.

Trabalhe o seu sentimento e mesmo que tenha sido preterido por outro, recolha os caquinhos que sobraram dessa relação e aumente a sua autoestima.

Diz o dito popular: "O tempo é o senhor da razão". Dê-se uma nova oportunidade, recomece do zero e saia em busca de alguém que o compreenda e o aceite, sem traições. Mas não condene quem traiu.

Jesus nos disse: "Atire a primeira pedra aquele que nunca pecou".

A violência, amigo, sempre haverá de trazer de volta mais violência. Jamais deve ser o caminho, e aqueles que a cometem podem esperar a sua cobrança, que será terrível. Conhece a frase "aqui se faz, aqui se paga"?

Perdoe, amigo. Não importa o que os outros pensem. Peça a Deus a força que só Ele tem para ajudar você a superar esse momento e, sobretudo, aposte na vida!

"Faz tanto tempo! E, no entanto, eu sou ainda a mesma Margaret. É somente a nossa vida que envelhece. Existimos em um lugar onde os séculos duram apenas segundos e, depois de mil vidas, os nossos olhos começam a se abrir."
(Eugene O'Neill – Dramaturgo norte-americano)

NOTÍCIAS RUINS

"Deus meu! O que são essas notícias terríveis de crimes na TV? Cara, isso está acabando comigo. Não consigo me concentrar no trabalho e acho que estou ficando cada vez mais deprimida... Amigo, dê-me uma só razão para ser otimista."

– Caso tivesse só uma razão, querida, eu lhe diria: a vida! Mas tenho outras: a sua família, as pessoas que te querem bem e, acima de todas, você!

Isso mesmo: você. Afinal de contas, mesmo que meio sem rumo, como às vezes todos nós ficamos diante das notícias ruins, é de você que se esperam o crescimento, a mudança de comportamento individual que fará a diferença no coletivo.

Isso, amiga. É verdade que cada notícia ruim nos mostra quantos irmãozinhos nossos estão ainda presos nas trevas da espiritualidade; muitos, no desespero do materialismo.

No entanto, amiga, compete a cada um de nós o discernimento necessário para que possamos mudar o mundo e tomar como exemplo o Mestre Jesus, que nos diz a todo instante: "Por que temeis, homens de pouca fé?".

Vida e Sucesso
Uma Visão Espiritualista e Ecumênica do Nosso Tempo

    É na fé em Deus e em nós mesmos que vamos alavancar essa mudança e, ainda que pequeninos individualmente para mudarmos o mundo, mesmo assim, será a soma de todos nós que irá apagar dos nossos corações os momentos inglórios das nossas vidas.

> "Ouve, ó Deus, a minha voz na minha oração; livra a minha vida do horror do inimigo. Esconde-me do secreto conselho dos maus e do tumulto dos que praticam a iniquidade." (*Salmos*, 64:1)

O INFERNO

"O inferno existe?"

– Depende. Caso você seja um religioso radical, vai jurar que ele existe e, junto dele, o demônio, ou se preferir, o chamado Satanás. Ao me ver negar a existência de ambos, com certeza algum fundamentalista irá dizer que a maior artimanha de Satanás é a de nos fazer acreditar que ele não existe. No entanto, meu amigo, nós, espiritualistas, chamamos o inferno de umbral e, se por um lado sabemos que é um lugar de sofrimento, por outro lado temos a convicção de que é mais parecido com o purgatório católico, ou seja, um lugar no qual os espíritos que erraram se autocorrigem para alçarem voos maiores rumo ao bem. Isso mesmo: não é Deus quem os condena, mas é a Sua lei que os leva à correção toda vez que ela é infringida. Que lei é essa? A lei do amor.

Já o diabo, demônio ou mesmo Satanás, assim mesmo, como foram mencionados por Jesus no Novo Testamento, claro que existem, embora também sejam malfeitores temporários. Todavia, por serem recalcitrantes, parecem eternos... mas não o são!

Tanto isso é fato que sabemos que passadas as agruras do Apocalipse, haverá mil anos de paz e compreensão entre os povos e que, nessa época profetizada, Jesus irá morar conosco. Não tão somente de forma física, mas também – e principalmente – em nossos corações.

O "diabo", amigo, outra coisa não é senão aquele que faz mal, não segue as leis de Deus e assim o faz porque não teve, ainda, o desenvolvimento necessário para compreender a lei do amor de Deus. Coloco o "diabo" entre nós como o faria com os seus outros sinônimos, como demônio, Satanás etc. Sei, todavia, que ele nada mais é que um espírito inferior, carente de luz e esclarecimento, mas que deve ser combatido pelo mal que pode fazer.

Por quê?

Simplesmente porque esses adjetivos nos remetem àqueles que são, nada mais, nada menos, do que os chamados "espíritos inferiores". Encarnados ou desencarnados, eles potencializam o mal, é verdade, mas um dia, graças à misericórdia divina e ao aprendizado através da dor provocada por eles próprios, irão sair dessa condição de inferioridade e, finalmente, haverão de compreender a lei do amor.

Por que isso acontece?

Simplesmente porque Deus é absolutamente justo e equânime com todos nós. Por isso mesmo, e por ser Deus, jamais parou de nos criar e, assim sendo, todos nascemos de Deus (somos centelhas Divinas!), mas, a exemplo das crianças do mundo físico, quando emanados de Deus pela vez primeira, somos almas simples e pouco ou nada sabemos. Deus nos criou e, a exemplo do que diz Kardec, Deus é a suprema inteligência, criadora de todas as coisas. Porém, saibamos que Deus é incriado.

Digo sem medo de errar que todos fomos, um dia, minerais com a rudeza da pedra e transformados nas primeiras bactérias com o surgimento das águas. Potencializados pelos espíritos santos de Deus, fomos seguindo nossa trajetória milenar, ora na quarta dimensão, ora na Terra e passando pelas mais diversas vivências, do vegetal ao animal. Até o dia em que, como se diz na Bíblia, Deus criou o homem do barro e soprou-lhe a alma, ou seja, depois de tantas vivências, deu-lhe a plena consciência individual para que seguisse o seu caminho, obediente à lei da causa e do efeito.

Assim sendo, amigo, por milênios seguiremos a chamada reencarnação e, claro, quando muito limitados ainda espiritualmente, aí nos equivocaremos, até porque, ainda ignorantes, ainda não sabemos da existência do bem. Assim, toda vez que cometemos o mal, somos o "diabo".

E quando cometemos o bem, somos o "anjo" que um dia aspiramos a ser de maneira permanente.

"Assim, a ideia de reencarnação contém uma explicação mais reconfortante da realidade, mediante a qual o pensamento indiano supera dificuldades que deixam perplexos os pensadores europeus!" (ALBERT SCHWEITZER – Teólogo, músico, filósofo e médico alemão)

A MACONHA

"Vou te confessar que sou viciado em maconha, mas sou responsável, tenho um bom trabalho e outro dia, por ter sido pego fumando um baseado no banheiro da minha empresa, quase fui demitido, o que seria uma grande decepção para mim e para os meus pais... Por que sou assim?"

– Amigo, errar é humano. Permanecer no erro é burrice! Vício é vício, seja de álcool, cigarro, maconha, *crack*, cocaína... Todos eles dão a falsa sensação momentânea de satisfação e acabam destruindo seus usuários aos poucos. Portanto, não vejo diferenciação do cigarro para a maconha ou qualquer outro vício. No geral, as pessoas que se apegam a essas drogas buscam uma fuga da realidade.

Há aqueles que têm o chamado vício sob controle e outros que se perdem e chegam ao óbito, e vão sofrer ainda mais na vida espiritual...

No momento em que você me diz que estava fumando maconha no seu trabalho, de uma forma clara Deus lhe informa que você já perdeu o controle.

Nada tenho ou posso ter contra o viciado. Pelo contrário, no geral, ele precisa de tratamento. Com certeza, um bom psicólogo pode ajudar e, se o caso for mais grave, um psiquiatra. Você também pode procurar um bom religioso para essa ajuda.

O importante, meu amigo, é não se achar a última das pessoas simplesmente porque você fumou uma vez só ou é viciado. Jesus nos disse: "Atire a primeira pedra aquele que nunca pecou".

Busque o santo caminho dele e peça força por meio da oração. Comece por controlar o seu vício e aos poucos, com fé e determinação, envide esforços para parar com as drogas. Sabe? Você só tem a ganhar! Muita paz, meu irmão.

"Acredito que, quando uma pessoa morre, a alma volta a este planeta em nova aparência carnal; outra mãe o faz nascer. Com pernas mais fortes e cabeça mais leve, a velha alma põe-se a caminho novamente." (John Masefield – Poeta, dramaturgo e historiador inglês)

A DEPRESSÃO NO NATAL

"Caro Fernando, está se aproximando o Natal e toda vez que isso acontece, entro em depressão. Explico: nos últimos dez anos, perdi minha mãe, um irmão mais novo e meu pai... A dor da ausência é muito grande... Existe alguma maneira de ela passar?"

– Não, amigo. Ela sempre acompanha aquele que sobrevive aos seus entes queridos. Sei porque também sou um sobrevivente. Meus pais e meu irmão também já se foram. E esse é o problema do Natal, que, quando somos jovens, torna-se a maior comemoração em família, com todos reunidos. Na medida em que vamos envelhecendo, vamos também perdendo nossos entes queridos e ganhando o que, apropriadamente, você classifica de "a dor da ausência". De fato, ela existe, e continuará morando em nossos corações enquanto existirmos nesta Terra.

No entanto, na medida em que o tempo passa, uma boa medida é, cada vez que pensarmos no ente querido que se foi, usarmos nossa inteligência para recordar os bons momentos com eles vividos. Tal atitude funciona como um bálsamo para essa dor.

Claro está que isso não elimina o fato de, às vezes e de maneira furtiva, correr uma lágrima de saudade em nosso rosto, mas de preferência acompanhada do agradecimento a Deus por ter podido conviver com esse ser durante um certo tempo de sua vida física.

No seu caso, querida, o fato de ter perdido três entes queridos em apenas dez anos com certeza a impulsiona para a depressão no Natal. Reaja! De que forma? Primeiro, aceitando essa dor da ausência como coisa natural. Depois, pensando nos bons momentos vividos com esses queridos familiares.

Perceba que aqueles que foram embora a amavam incondicionalmente. E quem ama só quer a felicidade do ser amado! Por isso mesmo, onde quer que esses seres estejam, estarão querendo a sua felicidade. E mais do que isso: quanto mais feliz você estiver, sem dúvida mais felizes eles estarão.

"Durante toda a minha vida, referi-me, subconscientemente, a experiências anteriores... Vivi na Judeia há 800 anos, mas nunca soube que havia um Cristo entre os contemporâneos. As estrelas que eu via no céu quando eu era pastor na Assíria são as mesmas que hoje vejo, como nativo da Nova Inglaterra." (Henry David Thoreau – Escritor e poeta norte-americano)

O PAI-NOSSO

"Por que você reza o Pai-Nosso no plural, "vosso", quando na Bíblia é "teu", no singular?"

– Incrível como as pessoas se detêm na letra que é morta e não nas entrelinhas bíblicas, cheias de vida! Verdade que, em Mateus 9:10, Jesus nos ensina: "Venha a nós o teu reino", e eu rezo "vosso reino", e você se apega a esse detalhe.

Falo "vosso" em respeito ao "Pai, Filho e Espírito Santo", entendendo que "Espírito Santo" nada mais é do que a coletividade de espíritos santos, por isso o "vosso" pela minha crença, que pode não ser a sua. Mas, mesmo que você finque o pé e diga que o certo seria "teu", pare e reflita. Jesus nos ensinou em aramaico, e o "teu" por certo não tinha o mesmo som em português. Em inglês é *your*; em francês, *votre* e por aí adiante...

Então, por que nos apegarmos a preciosismos linguísticos de uma Bíblia vertida para o português e que nem se encontra no seu idioma original? O que vale não é o "vosso" ou mesmo o "teu"... O que vale é o sentimento e a compreensão da maior de todas as orações, o "Pai-Nosso", ensinada por Jesus.

"O segredo do mundo é que tudo subsiste: nada morre, apenas desaparece da vista por algum tempo para surgir outra vez. Nada está morto; os homens fingem-se de mortos e suportam falsos funerais e chorosos obituários, mas lá estão eles, a tudo assistindo pela janela, vivos e em boa saúde, sob nova e estranha forma." (Ralph Waldo Emerson – Escritor, filósofo e poeta norte-americano)

AS DIFERENÇAS RELIGIOSAS

"Por que tantas discordâncias e tantas diferenças religiosas?"

– Realmente são de se lamentar, amigo. Basta ver na internet e no Youtube quantos religiosos que se atacam mutuamente, cada qual querendo se dizer detentor da verdade. E, de fato, nenhum a possui inteiramente. Na verdade, essa confusão religiosa está magnificamente explicada na Bíblia com a história da Torre de Babel, em que os homens começaram a se desentender por causa da mistura de muitas línguas.

Em última análise, ainda estamos na "Torre de Babel". Falamos muito em Deus, atribuímos ao Altíssimo a lei do amor, mas não praticamos essa sublime lei em toda a sua plenitude. Por causa disso, a separação de tantas religiões que se dizem praticantes do amor a Deus, mas que não toleram aquelas que lhes são diferentes na crença, umas atribuindo a si mesmas a exclusividade de "proprietárias" do que chamam de "o povo de Deus".

Por causa de tal afirmação, faz-se a cabeça de milhões de intolerantes, que, se supondo "salvos", desdenham dos demais. São aqueles que se julgam os "justos" de agora, esquecendo-se das palavras do Mestre Jesus, que nos disse: "Vim pelos pecadores e não pelos justos".

Todo povo (mesmo o ateu!) é de Deus. Afinal, todos somos fruto de sua criação.

"Sei que já estive aqui antes, mas onde e quando não sei dizer; conheço a relva que há lá fora, o cheiro doce e penetrante, as luzes da praia, o som sussurrante. Já foste minha algum dia – mas há quanto tempo não sei dizer. Mas no momento em que viraste o rosto para seguir o voo daquele pássaro, foi como se um véu caísse: eu vira aquilo antes." (DANTE GABRIEL ROSSETTI – Pintor e poeta inglês)

O TSUNAMI

"Ontem assisti ao filme O impossível, que conta a história real de uma família norte-americana que conseguiu sobreviver ao tsunami na Tailândia, apesar de atingida e ferida. O filme é tão realista, Fernando, que saí deprimida, pelas cenas que mostraram tantas mortes e pessoas feridas. Saí arrasada e pensando comigo: se Deus é misericordioso como se diz, porque Ele permite que isso aconteça com as pessoas?"

– Antes de misericordioso, Deus é coerente. Criador das forças da natureza, sabe Ele que as leis que a regem são imutáveis. Vale dizer que nós, os seres humanos, somos parte dessa natureza, parte esta demonstrada plenamente na vida física. Nossa soberba nos faz pensar que somos os únicos "feitos à imagem e semelhança do Senhor". E, por isso mesmo, achamos que somos privilegiados e protegidos das outras espécies por Deus.

Não somos. Tudo e todos são feitos à imagem (inteligência) e semelhança de Deus. Assim sendo, a maior de todas as semelhanças não se encontra nos traços fisionômicos, mas, sim, na inteligência do espírito.

Vida e Sucesso
Uma Visão Espiritualista e Ecumênica do Nosso Tempo

Qual a única coisa imutável na vida física ou espiritual? O espaço! Todo o resto está em constante mudança. E o que isso nos diz? Que a única imagem e semelhança de Deus, de fato, é a vida espiritual e não a vida material...

Assim sendo, amiga, por mais cruel e verdadeira que seja a imagem de um tsunami ou de qualquer outra catástrofe, faz-se necessário que saibamos que o ocorrido se dá apenas no mundo físico e representa muito menos do que um segundo na eternidade.

Nós, amiga, somos espíritos eternos e viemos de outras vivências, ora no astral, ora no mundo físico, sempre com a mesma individualidade, porém com nomes diferentes a cada vida física.

Como a nossa vida na Terra é curta, o que aconteça de bom ou de mau, após o nosso desencarne, é contado como valioso aprendizado que, com certeza, nos servirá para que, no futuro e em outras vidas físicas, possamos desenvolver os métodos necessários para nos prevenirmos de todo e qualquer cataclisma.

Assim sendo, Deus é, sim, misericordioso, mas, sobretudo, é imutável em seus desígnios e permanentemente nos dá, a nós, seus filhos, a oportunidade absolutamente necessária de aprendizado, para que, um dia, ainda que num futuro distante, possamos nos livrar das tragédias da vida física por meio do nosso próprio saber.

"O homem vive e morre muitas vezes entre as suas duas eternidades, a da raça e a da alma, e a velha Irlanda conhecia a ambas. Quer o homem morra em seu leito ou uma bala ponha fim aos seus dias, uma breve despedida dos entes queridos é o pior que ele tem a temer. Embora seja longo o trabalho dos coveiros, afiadas as suas enxadas, fortes os seus músculos, eles apenas devolvem os que enterraram mais uma vez à memória dos homens." (WILLIAM BUTLER YEATS – Poeta irlandês)

O HOMOSSEXUAL

"Desde criança, me sinto atraído por pessoas do mesmo sexo. Assim sendo, resolvi assumir que sou gay. No entanto, sofro muito com o preconceito de certas pessoas da minha família e de certos religiosos... Estarei pecando?"

– Meu amigo, a palavra pecado vem do latim *pecatus* e significa "pisar em falso". Ou seja, não tem alusão à condenação eterna que alguns querem lhe atribuir.

Ora, "pisar em falso" qualquer um pisa em determinado momento da vida, não só do ponto de vista sexual. "Atire a primeira pedra aquele que nunca pecou", disse Jesus. Este, porém, nos disse que o pecador renitente poderá ir para onde "há trevas e ranger de dentes", numa alusão ao sofrimento que o "pisar em falso" provoca. E segundo os evangelistas, teria mencionado o inferno por toda a eternidade... O que vem a ser isso?

Falou Jesus em aramaico, depois traduzido para as diversas línguas, sobre um estado negativo de espírito que pode levar a um sofrimento tal que pode parecer eterno... Mas também foi Jesus quem nos disse: "Não perderei uma só ovelha do meu rebanho". E, mais adiante: "Vim pelos pecadores e não pelos justos".

Segundo a Organização Mundial da Saúde, o homossexualismo não se trata de doença, mas, sim, de uma tipo de vida. Todavia, sei que alguns religiosos mais radicais o chamam de "abominação" e citam a Bíblia, aludindo à destruição, por Deus, de Sodoma e Gomorra, onde se praticava esse tipo de sexo.

Verdade que existe essa citação bíblica, porém ficam aqui algumas perguntas:

1. Se Deus é verdadeiro e todo-poderoso, por que deixou proliferar tais tendências?
2. Se Deus é amor, por que destruiu tais cidades, já que a destruição raivosa é uma clara demonstração de ódio?
3. Em sabendo o que Jesus disse, que existe vida após a morte, de que adianta destruir uma cidade se os espíritos sobrevivem à morte?
4. Sendo Deus a compaixão perfeita, justo e bom, irá Ele se comprazer no sofrimento eterno?

Tais perguntas, amigo, não querem dizer que eu, pequenino do jeito que sou, estaria contestando a Bíblia.

Não.

Sei que a Bíblia é o livro mais importante da história humana e, de fato, inspirada por Deus. Todavia, o Levítico, por exemplo, foi escrito há mais de 3 mil anos e em aramaico!

No entanto, sei também de que a Bíblia é a reunião de vários livros que vêm desde a Antiguidade e que, uma vez reunidos, contam a saga do povo judeu no Velho Testamento e a vida de Jesus no "Novo Testamento".

Claro está que muitos foram os homens que psicografaram a Bíblia (vale dizer, escreveram sob inspiração Divina). Também sei que por mais capacidade que tenha alguém para psicografar, sempre haverá algum "ruído" na comunicação que vem da dimensão espiritual...

Trocando em miúdos: Deus não pode errar.

Mas, o homem, no atual estágio de pouco evoluído, esse, erra constantemente.

Assim é que Jesus nos alertou para que leiamos a Bíblia com o coração (sentimento), observando o que, de fato, ela nos diz e "separando o joio do trigo", como ele mesmo nos conta em uma parábola.

No seu caso, amigo, assumidamente homossexual, necessário se faz reconhecer que o homossexualismo existe até no mundo animal. E desde que o mundo é mundo.

Portanto, equivocam-se as pessoas que pretendem "curar" o homossexualismo... Aliás, não há nada para ser "curado".

Não se mede o ser humano pela sua preferência sexual, mas, sim, pelo seu caráter, sua honestidade e seu amor ao próximo.

Do ponto de vista espiritual, Jesus nos disse que na outra vida "não haverá marido e mulher", numa clara alusão de que o espírito tanto pode ser assexuado, como preferir ser homem ou mulher na vida física.

Vale dizer, amigo: se você, por exemplo, reencarnou seis vezes como mulher e se compraz em ser do sexo feminino, pode ser que numa necessidade nova de reencarnar, e por razões da lei da causa e do efeito, você volte a encarnar num corpo de homem. Assim sendo, tão logo você se dê conta, das duas, uma: ou você será um homem efeminado ou será um homossexual.

O mesmo se aplica ao correspondente feminino.

Então, amigo, ser homossexual nada mais é do que um estágio espiritual que se faz necessário àquele espírito reencarnado por razões de vivências passadas.

O que ele irá aprender com isso?

Irá aprender como enfrentar a discriminação de muitos. Terá de ter mais sensibilidade feminina do que masculina ou vice-versa. Desenvolverá mais suavidade no seu coração do que a própria sexualidade, quando homossexual masculino, e mais praticidade, quando homossexual feminino...

O que quero dizer, meu amigo, é que o certo e o errado sempre irão depender do ponto de vista de quem os olha. Não raro, após uma vida difícil como homossexual, ao voltar à espiritualidade, o ser mais desenvolvido reassume a sua identidade sexual preferida. No seu caso, a feminina.

"Nosso nascer não passa de um sono e de um esquecimento: a alma que nasce conosco, o sol de nossa vida, teve o seu ocaso em outro lugar, e vem de longe, não em completo olvido e não inteiramente nua. Mas trazemos conosco nuvens de esplendor, vindas de Deus, que é o nosso lar." (WILLIAM WORDSWORTH – Poeta inglês)

A REENCARNAÇÃO

"O pastor da minha igreja diz que a reencarnação não existe. Ele está certo?"

– Dentro do que ele compreende, sim, ele acha que está certo. Mas dia virá, nesta ou em outra vida, em que ele irá entender que as vidas são como os dias: necessitamos de um após o outro para aprendermos o que fazer das nossas vidas, para que possamos nos aproximar de Deus.

Respeito profundamente todas as religiões e sei que entre pastores e padres, assim como todos aqueles que não creem na reencarnação, encontram-se homens dignos e coerentes com aquilo que sabem.

No entanto, amigo, a reencarnação está manifesta no Novo Evangelho por Jesus. Os discípulos de Jesus disseram a Ele que ouviram dos escribas fariseus que Jesus não era o Messias prometido, uma vez que estava previsto no Velho Testamento que antes da vinda do Messias, viria (reencarnaria) o profeta Elias, o que segundo os fariseus não havia acontecido. Jesus lhes respondeu que Elias já tinha vindo antes dele, mas os fariseus não o perceberam. E o evangelista Matheus fez o seguinte comentário: "Eles (os discípulos) entenderam que Jesus falava de João

Baptista". Jesus afirmou, pois, que João Baptista era o profeta Elias, reencarnado.

"Em verdade vos digo que aquele que não nascer de novo não verá o Reino de meu Pai...", disse Jesus.

Por outro lado, apesar de muitos entenderem que essa passagem do Novo Testamento falada por Jesus seria alusão ao batismo, digo que não; a frase é explícita. Aqueles que combatem as várias deduções da Bíblia que não sejam explícitas não têm como combater essa explicação, igualmente explícita e com todas as letras.

O batismo, no entanto, é importante para aqueles que nele acreditam, sim. Mas, na frase acima, que o leitor poderá encontrar no Novo Testamento, em momento algum existe a palavra "batismo", e a se acreditar nela, será uma dedução de algo que não está escrito, ou seja, exatamente o mesmo comportamento ao qual eles, os críticos, se posicionam contrários.

Por outro lado, ao se acreditar numa vida única, desafiam-se as pessoas mais inteligentes e racionais, senão vejamos: pessoas nascem em todos os cantos da Terra em circunstâncias e famílias diferentes. Pobres, remediadas ou ricas. Más, boas ou boníssimas. Sãs ou doentes... algumas muito doentes. Dentre as pobres, algumas crianças nascem em favelas, e muitas são abandonadas pelos pais e, às vezes, até pelas mães. Outras passam a infância trancadas em casebres de madeira porque, sem o pai, que as abandonou, a mãe precisa trabalhar para lhes trazer comida ao final da noite.

Muitas dessas crianças seguem o caminho da criminalidade porque não tiveram a chance de estudar. Outras crianças, ricas ou não, nascem com doenças graves, como as diversas manifestações de atrofiamentos e paralisia infantil, quando não deficiência cerebral.

Tudo isso é atribuído à queda de Adão e Eva e, a julgar se assim fosse, convenhamos, Deus não teria nada de misericordioso e até seria demasiado vingativo.

Essa tese de vida única tem sido a principal causa da proliferação do ateísmo. Afinal, qualquer pessoa de inteligência mediana é capaz de ver que reside nisso um absurdo.

Então, na falta de melhor informação, vai-se para o ateísmo.

Quem é ateu não é pior nem melhor do que o mais profundo religioso. Só é pior aquele que é desonesto, religioso ou não. O ateu é, simplesmente, uma pessoa que não encontra lógica nessa tese de vida única e prefere acreditar que tudo seja obra do acaso, protegendo-se mentalmente de crenças que não podem ser explicadas à luz da razão.

Vale dizer que tanto podem existir ateus bons e maus como religiosos bons e maus...

Com certeza, a Bíblia pode ser um caminho para aquele que decidir segui-la, separando o joio do trigo, mas não para aqueles que pregam a "teologia da prosperidade".

Por quê?

Simplesmente porque a pessoa bem de saúde e que tenha vida longa pode mesmo fazer uso de alguns ensinamentos do livro sagrado e aplicá-los à prosperidade. Mas, aquelas que nascem prejudicadas pelas doenças crônicas, como a paralisia infantil, ou algumas que sequer conseguem a simplicidade de um raciocínio, como fazê-lo? Como as crianças excepcionais e os autistas irão ler e interpretar o livro santo? Como aplicar a "teologia da prosperidade" naquelas que são barbarizadas por estupros, sequestros... ou morrem ou são mortas em tenra idade? Como aplicar a "lei da prosperidade" para as vítimas das balas perdidas?

Não tem como.

Acreditar que apenas uma contribuição mensal para esta ou aquela Igreja basta para que Deus proteja o fiel é de extrema ingenuidade. Claro que, podendo, se deve contribuir com as instituições filantrópicas, religiosas ou não, mas de forma espontânea e não em busca de proteção.

A oração protege desde que adotemos as palavras de Jesus: "Orai e vigiai". Oremos para que Deus nos proteja, mas vigiemos as nossas vidas dos perigos nelas existentes. Não nos esqueçamos de que vivemos num mundo de "expiação e provas", segundo *O Livro dos Espíritos*, de Allan Kardec.

Vale dizer que estamos longe de viver num mundo perfeito e, por isso mesmo, na vida física atual, convivemos com bons e maus espíritos.

Vale dizer que todos nós que aqui estamos, com raras exceções, temos dívidas contraídas em vidas passadas e precisamos resgatá-las para que possamos progredir em direção ao Deus de todos nós.

"Talvez eu não seja rei em minha vida futura, mas tanto melhor: continuarei a viver uma vida ativa e, ainda por cima, colherei menos ingratidão."
(FREDERICO, O GRANDE – Rei da Prússia no século XVIII)

A VIDA É UMA SÓ!

"Que história é essa de muitas vidas? A vida é uma só, disse-me o padre da minha paróquia...".

– Sabe que você está com a razão?! Na verdade, o termo "vidas passadas" apenas exemplifica, para o ser que se encontra na vida física, o fato de que ele teve outras vidas físicas no passado.

Mas onde o padre está com a razão ao afirmar de que a vida é uma só? Exatamente porque é assim mesmo: uma só vida espiritual, porque a vida do espírito é a mesma desde a sua criação, única e eterna. Desde o momento em que saímos do Criador como centelhas divinas (mônadas) até o momento em que somos guiados pelos espíritos de luz e sequer podemos pensar, na vida mineral ou mesmo na vida vegetal; quando aparecemos na vida unicelular; desde os momentos em que nos desenvolvemos nas diversas raças animais e até o momento em que, evoluindo, chegamos ao hominal, de fato, somos o mesmo "sopro divino" com a mesma identidade e, na medida em que o tempo passa, graças ao aprendizado contínuo, vamos avançando no entendimento de Deus e seus anjos (mensageiros = espíritos de luz). Assim, para mais fácil entendimento, podemos chamar as "vidas passadas" de "vivências passadas". Você, amigo, está com a razão: a vida é uma só... As vivências é que são muitas, ora na vida espiritual, ora na vida material, mesmo que o seu padre ainda não entenda ou aceite...

"Minha doutrina é: deves viver de modo a poderes desejar viver novamente – esse é o teu dever –, pois, de qualquer forma, viverás novamente." (NIETZSCHE – Filósofo alemão)

DÚVIDA

"Essa sua verdade é mesmo verdade?"

– Tudo depende do ponto de vista e, por experiência própria, todo ponto de vista é válido. No entanto, acredito que você esteja falando da forma desassombrada com que eu falo da espiritualidade e da reencarnação, porque, é óbvio, essa é a minha verdade. Assim sendo, para mim é verdade, sim.

O que não dá é convencer você de uma coisa na qual você ainda não acredita. Tudo a seu tempo.

Dependendo do grau de evolução em que você se encontra, você irá acreditar ou não.

E a gente não precisa brigar por isso. Apenas divergir, o que é civilizado, e perceber que, como diz o ditado, em cada cabeça há uma sentença.

"Pois viemos para cá por vias diferentes. Não tenho a impressão de nos havermos encontrado antes. Não houve um dèja vu. Não creio que fosses tu à beira-mar, no ano de 1206 d. C., quando passei a cavalo, ou que estivesses ao meu lado nas guerras de fronteira. Ou lá na Galícia, há cem anos, deitada ao meu lado na relva verde-prata, vendo lá de cima alguma aldeia nas montanhas. Sei pelo modo natural com que vestes boas roupas e a tua boca se move quando falas aos garçons nos bons restaurantes, que viestes de algum lugar onde há castelos e catedrais, lugares de elegância e de império." (ROBERT JAMES WALLER – Escritor e fotógrafo norte-americano)

O MANDAMENTO

"Amar a Deus sobre todas as coisas. Por quê? O que isso quer dizer? Deus nos fez, mas é ditador e exige o nosso amor? Não entendo."

– Amigo, para se entender melhor essa frase, melhor substituir a palavra "Deus" pela palavra "criação".

Por quê?

É simples.

Deus é o Criador e a criação dele somos todos nós, mesmo aqueles que Nele não acreditam... Quando Ele nos deu esse mandamento nas tábuas da lei de Moisés, claro que sabia da vinda futura de Jesus a este planeta e que esse grande mestre espiritual nos daria um mandamento maior que nos explicaria, com toda a certeza, o porquê de amarmos a Deus sobre todas as coisas.

Ou seja: "Amai-vos uns aos outros como eu vos amei"!

Ora, se amarmos a Deus sobre todas as coisas, estaremos nos amando mutuamente; amando a natureza, amando os animais e amando o meio ambiente. Vale dizer que "amar a Deus sobre todas as coisas" significa amar a vida em todas as suas manifestações e, quem ama, perdoa. Quem ama não prejudica, não rouba, não mata. Quem ama, verdadeiramente, vive em paz.

Assim, "amar a Deus sobre todas as coisas" é complementada pela mais bela frase de Jesus: "Amai-vos uns aos outros como eu vos amei".

"Não condeneis e não sereis condenados." (Jesus)

DEMITIDO POR CAUSA DO TÓXICO

"Sou gente boa, sempre querido pelos meus amigos. Agora, tenho um problema: como não sei beber, já por duas vezes me prejudiquei por não saber quando parar. A primeira foi há dez anos e a segunda, recentemente, na festa de fim de ano da empresa em que eu trabalhava. Amigo, estava tão feliz que fui bebendo um chope atrás do outro e nem vi que me deram um cigarro de maconha. Fumei e fui pego e demitido dessa empresa da qual eu gostava tanto. Fernando, por que isso acontece?"

– Acontece com quem é fraco para a bebida. Sei que você não se sente um alcoólatra. Afinal, você só tomou poucos porres na vida, mas deve ficar atento contra o excesso de bebida, ainda mais que, ao que parece, você não sabe parar... Reconhecer isso, mesmo que você não beba diariamente, já é fundamental para que você não beba mais, ou, se não conseguir isso, pelo menos para que você pare após um ou dois chopinhos, para seu próprio bem.

Quanto à maconha, foi consequência da sua imprevidência. Alegria é bom, mas alegria demais deixa a pessoa boba. Foi isso o que se deu com você, infelizmente. Estava bêbado e não se deu conta de que o cigarro que lhe ofereceram era de maconha. Ou, quem sabe, percebeu, mas estava "alegre demais" e cometeu a bobagem de fumá-lo numa festa empresarial, o que resultou na sua demissão.

Agora, amigo, vá à luta e aprenda com isso. Com certeza, você tem muito valor e sendo humilde, aprendendo com o erro, muita coisa boa ainda pode acontecer na sua vida. "Atire a primeira pedra aquele que nunca pecou", disse Jesus.

"Outro forte indício de que os homens sabem a maioria das coisas antes do nascimento é que, quando crianças, aprendem atos com enorme rapidez, o que demonstra que não os estão aprendendo pela primeira vez e, sim, relembrando-os." (CÍCERO – Estadista, orador e filósofo romano)

O LIVRE-ARBÍTRIO

"Deus nos deu o livre-arbítrio, mas vocês acham que quando um espírito encarna aqui na Terra, já vem com tudo programado e com um destino específico. Então, pergunto: se tudo já está programado, onde fica o livre-arbítrio?"

– Não, amigo, nem tudo está programado. Muita gente, erroneamente, entende assim. Mas, de fato, quando um espírito bom encarna, há, sim, um planejamento sobre a sua vida futura na Terra de acordo com o reencarnante e os seus mentores, mas veja: um planejamento. Vale dizer: o roteiro é o espírito encarnado que faz. Isso quer dizer que a lei da causa e do efeito, o "carma" para os hindus, é uma lei dinâmica, ou seja: o passado determina o futuro, mas o presente pode, sim, modificar esse futuro.

Assim sendo, o que temos de entender é que o livre-arbítrio dado pelo Criador sempre será relativo às nossas pendências passadas.

Mas, vale repetir, nada está determinado; pelo contrário, tudo depende da nossa ação: para pior ou para melhor!

"Sei que sou imortal. Sem dúvida, já morri antes mil vezes. Rio-me daquilo que chamam de dissolução e conheço a amplitude do tempo." (WALT WHITMAN – Poeta norte-americano)

A MACUMBA

"Por que tanta discriminação com relação às religiões afro-brasileiras (umbanda, candomblé etc.)? Por que chamar os seguidores, pejorativamente, de 'macumbeiros'?"

– O significado da palavra "macumba" que se encontra em qualquer dicionário é: "antigo instrumento musical de percussão, espécie de reco-reco, de origem africana, que dá um som de rapa (rascante)"; e "macumbeiro" é o tocador desse instrumento. Infelizmente para alguns, a palavra "macumba" é utilizada para designar, pejorativamente, os cultos sincréticos afro-brasileiros derivados de práticas religiosas e divindades dos povos africanos trazidos ao Brasil pelos escravos, tal como os bantos, cultos esses como o candomblé. A umbanda foi criada aqui no Brasil. Como todo brasileiro tem "um pezinho na África", mas muitos não querem admitir isso, torna-se natural para esses a discriminação pejorativa.

Ou seja: "Deus me livre!" e passam a falar mal daquilo que não entendem, mas imaginam entender! Aliás, essa é a mesma discriminação dos que chamam os católicos de "papa-hóstias", os evangélicos de "crentes fanáticos", os muçulmanos de "terroristas" etc.

Parece que o ser humano mediano tem necessidade de pertencer a um determinado grupo religioso e se sente feliz em se dizer "salvo", ao mesmo tempo em que denigre a religião alheia.

Neste sentido, é muito mais fácil ser seguidor das chamadas religiões tradicionais vindas da Europa. Afinal, elas são "bem-comportadas" e só recentemente passaram a ter (algumas delas!) umas músicas mais descontraídas.

Já as religiões afro-brasileiras tocam batidas de tambor, têm terreiros, permitem cânticos, danças em forma de "pontos" e a presença de espíritos...

"Presença de espíritos? Cruzes!" – dizem alguns, apavorados, porque imaginam que eles são tão importantes que só falam diretamente com Deus. Nada de intermediários. E não percebem que o padre e o pastor são intermediários também. Geralmente só pedem benefícios pessoais para eles e para os seus.

Vale dizer, religião virou peditório. Para estes, uma pena que seja assim.

Toda religião tem a sua beleza, e cada uma é necessária porque representa um degrau dos muitos que existem na imensa escadaria que eleva o espírito à Divindade.

A intolerância religiosa tão somente demonstra o quão atrasados ainda estão alguns dos nossos maiores líderes religiosos.

Exatamente por causa disso o mundo está como está.

"Quando a noite cai, olho para as estrelas e procuro saber em qual delas meu amor está... Hoje, não sei, mas quando daqui me for... com certeza estarei por lá." (ASHNA PAHLAVI - Lama tibetano)

O ATEU

"De um lado vêm evangélicos e católicos dizendo que Deus é misericordioso... se bem que 'até a página 3', uma vez que se a gente não seguir o que eles falam, nos mandam todos para a danação eterna. De outro lado vêm espíritas, budistas, espiritualistas e sei lá quem mais, com esse papo de reencarnação, porque a vida é uma escola sempre com um sofrimento danado... Por não entender isso é que sou ateu! Dá para você me contestar?"

– Contestar, não. Até porque essa é a sua ideia e só você pode mudá-la. Mas, do ponto de vista espiritualista, dá, sim, para responder. A reencarnação, amigo, dá-se da mesma forma que um dia após o outro, e essa é a única maneira de aprender. O fato de você não entender não muda a pedagogia da escola da vida.

Quando eu tinha doze anos de idade, lembro a primeira vez que eu fui apresentado a uma equação de raiz quadrada numa aula de matemática. Fiquei apavorado! "Para que isso?" – perguntei, como você pergunta agora... Evidente que o meu professor sabia o porquê da necessidade de aprender aquela equação, mas eu, não.

Hoje, tanto tempo passado, continuo sem entender bem; afinal, não fui dos melhores alunos em matemática. Mas sei da sua utilidade.

Assim é com você no meio de tantos que lhe são iguais. Inteligente como seus confrades, não aceita essa ideia do Deus misericordioso 'até a página 3', mas que se mostra vingativo depois. E não aceita a reencarnação, meio que na base do "não li e não gostei...".

Paciência, amigo. A única forma de viver e aprender é um dia após o outro e uma vida (vivência!) após a outra... Fique calmo, um dia você se convence... O céu é o limite!

"Como teria sido interessante escrever a história das experiências que, nesta vida, tem um homem que se matou em uma vida anterior – como ele, agora, se defronta com as mesmas exigências que lhe eram feitas antes, até compreender que deve atender a essas exigências. Os atos da vida anterior imprimem direção à vida presente." (TOLSTOI - Escritor russo)

CIÚMES DEMAIS!

"Amo demais a minha mulher e por isso mesmo morro de ciúmes dela. Mas, infelizmente, isso anda me atrapalhando, porque mesmo quando estamos passeando e ela olha para algum homem, crio a maior confusão... Você acha que isso pode passar um dia?"

– Desculpe, amigo, mas você não ama a sua mulher como você pensa. Na verdade você se ama e, por isso mesmo, manifesta a pior forma de egoísmo, que é a do ciúme exagerado.

Uma coisa é a chamada "pitada de ciúme" que, segundo alguns, acertadamente, dá o tempero do amor. Perfeito. Até aí, natural. É o chamado ciúme controlado. Agora, o ciúme doentio é esse que você tem e que, muitas vezes, leva a tristes consequências.

Cuidado, amigo. Procure amar mais a sua mulher do que a você mesmo e dê um exemplo disso, controlando o seu ciúme, caso contrário, a sua vida pode vir a se transformar em um verdadeiro inferno...

"Não ajunteis tesouros na Terra, onde a traça e a ferrugem tudo consomem, e onde os ladrões minam e roubam. Mas ajuntai tesouros no céu, onde nem a traça nem a ferrugem consomem e onde os ladrões não minam nem roubam. Porque onde estiver o vosso tesouro, aí estará também o vosso coração." (*Mateus*, 6:20 e 21)

SOBRE A PROSPERIDADE FÍSICA

"O que o amigo tem a dizer desses que prometem prosperidade plena aos seguidores de suas organizações religiosas?"

– Acho um grande equívoco. Até porque por mais próspera que uma pessoa venha a ser, quanto tempo dura uma vida física? 80, 90, cento e poucos anos? É muito pouco. Tem gente confundindo as palavras de Jesus com ganhos materiais, dinheiro no banco e carro do ano.

Claro que nada tenho contra aquele que tem essas coisas todas se advindas do trabalho honesto. Mas a prosperidade que Jesus espera de todos nós está na amizade fraterna, explicada na máxima dita por ele: "Amai-vos uns aos outros como eu vos amei".

Vale dizer: aos ricos, cabe o dever de propiciarem mais justiça social e mais empregabilidade para todos.

O rico ocioso é aquele personagem que Jesus tão bem descreveu na sábia frase: "É mais fácil um camelo passar no fundo de uma agulha do que um rico entrar no reino dos céus". Claro que isso não se aplica ao rico produtivo que dá empregos e redistribui a renda.

Aqueles que acreditam que a prosperidade aqui na Terra é dada apenas pela louvação ao Mestre Jesus se enganam redondadamente e são passíveis de reparação.

"Olhai para as aves no céu, que nem semeiam, nem segam, nem ajuntam celeiros; e vosso Pai celestial as alimenta. Não tendes vós muito mais valor do que elas?" (*Mateus*, 6:26)

DÚVIDA SOBRE DEUS

"Na realidade, Deus está no comando? E a Virgem Maria e os santos?"

– Deus sempre está no comando, entendendo-se por Deus não a imagem de um ser, mas a força universal organizada e criadora. Muitos confundem Deus com uma pessoa, tomando literalmente a frase bíblica que afirma que Ele nos fez à sua imagem e semelhança.

E a humanidade atual, orgulhosa e presunçosa, acha-se prontinha para ir para o céu. Mesmo roubando, corrompendo, matando, fazendo guerras... todos querem o céu para ontem!

Pois é, só que não é bem assim. Na verdade, todos somos – e tudo é – à imagem e semelhança de Deus. Todo o universo respira Deus.

Então, a melhor imagem dessa semelhança está naquela citação bíblica que nos mostra a escada que sobe e desce em direção ao céu, repleta de anjos que sobem e descem.

Deus, Alá, Buda, Krishna, Cristo, não importa como o chamemos, é o fazedor de tudo e todos. Conforme Jesus mencionou na sua vida entre nós, "o reino de meu Pai não é deste mundo", porque o mestre dos mestres aludia à vida espiritual daqueles que já atingiram a perfeição.

Então, o reino de Deus não é deste mundo, mas este mundo foi criado por ele e por ele é administrado.

Na verdade, a Terra outra coisa não é que uma grande escola, na qual os espíritos vêm e vão, cumprindo os seus aprendizados, mas Deus sempre está no comando à espera do aperfeiçoamento de cada um de nós, não importando o tempo que demore.

Deus é amor, amigo, mas também sabedoria e misericórdia.

"O sobrenatural não existe. Tudo é natural, até a vida espiritual." (ASHNA PAHLAVI – Lama tibetano)

AS PROMESSAS PARA OS SANTOS

"Sou capitão do Exército e lembro que minha mãe, muito católica, sempre fazia promessa em favor da minha vida. Eu passei para o Colégio Militar e cheguei à Academia Militar de Agulhas Negras, e minha velha sempre atribuiu tudo isso à intervenção de São Jorge. Foi mesmo? Nossas preces são sempre atendidas? E por que tem gente que não crê nos santos? E os milagres, existem?"

– Caro amigo, vamos lá. Não se pode condenar as promessas na base do "dá lá, toma cá", porque elas são uma realidade dentro da igreja citada por você, ou seja, viraram uma tradição. Mas não é o fato de prometer isso ou aquilo que irá fazer você ganhar alguma coisa.

Nada se obtém sem esforço pessoal. Ou seja: para você ter conseguido passar para o Colégio Militar e, depois, se formar na AMAN, com certeza, foi necessário muito estudo seu. No entanto, embora inócua, a promessa exerce sobre aquele que prometeu um ponto de fixação da sua fé e, por isso mesmo, motiva-o.

Agora, ter um santo de devoção não pode nem deve ser condenável, embora os evangélicos não o tenham e imaginam – todos eles – que estão orando e sendo ouvidos diretamente por Deus.

Não estão. Ou por outra, estão sendo ouvidos por Deus que de tão magnânimo, permite que haja os seus intermediários (anjos = mensageiros = espíritos de luz ou, se preferir, os santos nos mais diversos degraus da evolução). Essa intermediação de espíritos em nada diminui a grandeza de Deus, e tanto isso é verdade que o Novo Testamento nos mostra que o próprio Jesus fez questão de recrutar 12 apóstolos. E se nos aprofundarmos no seu estudo, iremos saber de que Ele teve, de fato, mais de 300 apóstolos...

Ora, se Jesus precisou de apóstolos para difundir o plano divino, por que nós não precisaríamos de santos, espíritos de luz, Nossa Senhora, padres, pastores, monges etc.?

Não é um contrassenso que alguém se intitule em vida um representante de Deus e não admita que existam outros representantes de Deus em espírito?! Não foi Jesus quem nos disse que existe vida após a morte?! Não foi Jesus quem nos disse que, à sua época, João Baptista era o maior dentre os homens e que "em verdade vos digo que o menor (que existe) no reino dos céus é maior do que João Baptista (na Terra)?

Então, amigo, continue orando pelos santos da sua devoção e não ligue para a verdadeira "torre de Babel" que viraram algumas religiões.

Quanto às nossas preces, meu irmão, elas sempre serão favoráveis a nós desde que não peçamos algo que esteja além dos planos divinos para a nossa vida e desde que esse pedido não venha prejudicar alguma outra pessoa de forma deliberada. Não se esqueça de que, se o pedido ruim acontecer, você até poderá ser atendido (jamais por um espírito de luz!), mas esse atendimento terá uma volta que poderá ser desastrosa (lei do retorno), ou seja, em hipótese alguma vale "puxar o tapete de alguém".

Quanto aos "milagres", não passam de fatos possíveis e naturais; aqueles que não conhecem a sua feitura e conhecem menos ainda as causas espirituais os chamam de "milagres" meio que estupefatos... Aliás, como estupefato eu ficaria se visse Jesus ressuscitar Lázaro.

Eu exclamaria "milagre", mas depois de muito tempo e com muita reflexão que só as muitas vidas podem dar, perceberia que aquilo era o que se esperava de Jesus, porque Ele, mercê da sua extraordinária evolução, sabia a técnica de fazê-lo.

Da mesma forma que se hoje algum desses "milagreiros" restituísse o braço perdido num acidente ao coto da vítima de forma imediata, eu e você, juntos, iríamos exclamar " milagre!".

Mas ainda assim lhe digo que essa palavra é muito mais uma força de expressão! Milagre, amigo, é a própria vida.

Não se deixe levar por esses *shows* televisivos que mostram "milagres" assim mesmo, entre aspas, apresentando "paralíticos" que andam, pessoas que são "curadas" de doenças graves e lhe pedindo cada vez mais dinheiro. Esses "milagreiros" são os falsos profetas a que a Bíblia alude, os quais apareceriam no final dos tempos.

Milagre assim, sem aspas, é outra coisa! É a força de vontade de cada um, o estudo profundo da vida espiritual, a solidariedade fraterna e o despojamento do orgulho.

Ou seja, meu querido amigo, milagre, sem aspas, é o amor incondicional do qual, infelizmente, ainda estamos muito longe, mas que, sem dúvida, um dia a ele chegaremos. Aí, amigo, poderemos perceber a imensidão de Deus!

"Então, a justiça se revela no universo. Não há mais eleitos nem excluídos. Todos experimentam a consequência de seus atos, mas todos reparam, resgatam e se reerguem cedo ou tarde para evoluir, desde os mundos obscuros e materiais até a luz divina." (Léon Denis – Filósofo espírita francês)

HOMOSSEXUAIS

"Você acredita em relação duradoura entre homossexuais?"

– De fato, homossexuais ou não só terão uma relação duradoura caso exista amor. Do contrário, serão relações passageiras e baseadas unicamente na satisfação sexual. E aí, periga não dar certo nunca.

"A cor de uma pessoa nada tem a ver com a sua evolução espiritual e, sim, a manifestação física de uma raça terráquea, vale dizer para onde o carma dessa pessoa a conduz, por isso o racismo é uma idiotice." (Ashna Pahlavi - Lama tibetano)

O RACISMO

"Sou negro e ando cansado de sofrer tantos preconceitos... Você tem uma fórmula para se evitar isso?"

– Querido amigo, de todas as maldades do mundo, o racismo é das piores, porque, pretensamente, faz com que alguém se sinta falsamente superior a outrem. Um absurdo.

As diferenças raciais acontecem muito mais por causa da origem de cada um do que por superioridade ou inferioridade desta ou daquela raça. Ninguém é superior por causa de sua raça, seja ela qual for. A única superioridade que existe é a superioridade moral, e essa, amigo, tem de ser conquistada com o suor do nosso rosto através dos tempos.

Assim, amigo, não ligue para as pessoas preconceituosas não; a inferioridade, no caso, é delas e não a sua. Busque o conhecimento, a sabedoria, a palavra de Deus e, com certeza, você há de superar toda e qualquer diferença.

"O mal resulta da ignorância da lei do amor e tende a ser batido à medida que se caminha para o conhecimento da lei universal do amor." (ASHNA PAHLAVI – Lama tibetano)

A SOLIDARIEDADE

"É certo que fora da caridade não há salvação, como diz Allan Kardec?"

Isso mesmo.

– A salvação da nossa própria ignorância para com o outro está na caridade, mas eu acrescento igual importância à palavra "solidariedade". Sabe por quê? A palavra "caridade", quando mal interpretada, pressupõe alguém que possa ser vaidosamente "caridoso"...

Disse Jesus que quando a sua mão direita der alguma coisa a alguém, que a sua mão esquerda não saiba o que a outra está fazendo. Por isso prefiro uma pessoa solidariamente caridosa, até porque a solidariedade é virtude pura e não necessita da vaidade, que acirra o orgulho e corrompe os sentimentos.

"Os anos de cavalheirismo haviam passado, juntamente com o velho mundo, e descido à sepultura. Eu era rei na Babilônia e tu eras uma escrava cristã. Eu te vi, te tomei e te rejeitei, dobrei-te e quebrei o teu orgulho... E milhares de sóis já se puseram desde então sobre a sepultura decretada pelo rei da Babilônia para aquela que havia sido sua escrava. O orgulho que pisoteei é, hoje, a minha maldição, pois me pisoteia novamente. O velho ressentimento dura tanto quanto a morte, pois amamos, mas não recusamos amostrá-lo. Sofro com a tua dura infidelidade, e sofro em vão." (WILLIAM ERNEST HENLY – Poeta inglês)

A FELICIDADE

"É possível ser feliz durante 24 horas por dia?"

– Não. No mundo em que vivemos, não. Mas é possível viver, com intensidade e consciência, cada vez mais momentos felizes. A felicidade não é um fim, mas, sim, um caminho. São momentos que se nos apresentam e que nos tornam felizes, mas como a felicidade não é um fim, torna-se um meio para que a busquemos com intensidade.

Enquanto houver crimes, diferenças sociais gritantes e tantas notícias ruins, será impossível um ser humano viver inteiramente feliz, a não ser que ele se abstenha dos outros e, aí, estará muito próximo da idiotia. Em contrapartida, momentos difíceis e de tribulação estimulam para o crescimento social e espiritual.

Assim, cabe ao ser humano destinar-se à construção de uma humanidade cada vez mais solidária e, por isso mesmo, cada vez mais com momentos felizes. Para isso, há que se lutar contra as crises, as diferenças sociais e toda e qualquer intolerância, principalmente a religiosa, que tem provocado tantas guerras ao longo da História.

"O reino de meu Pai tem muitas moradas." (JESUS)

OS EXTRATERRESTRES

"Durante um tempo você participou do programa "Quem são eles", aos sábados, na Super Rádio Tupi. Minha pergunta é simples: você acredita na existência de extraterrestres?"

– Claro que sim, amigo, nos extraterrestres que são espíritos desencarnados e em extraterrestres que são espíritos encarnados nos diversos mundos do universo de Deus. Aliás, quando Pedro Álvares Cabral partiu com sua expedição naval para buscar o caminho dos Índias e acabou descobrindo o Brasil, conta a História que muitos portugueses o chamaram de louco, uma vez que, naquela época, se acreditava na existência de dragões em alto-mar, além de muitos imaginarem que a Terra fosse plana e que, por isso mesmo, quando Cabral chegasse na linha do horizonte, todos os navios cairiam, por um abismo, para o espaço sem fim... Aqueles que não acreditam na existência de outros planetas habitados têm o mesmo comportamento daqueles que achavam que Pedro Cabral não descobriria novas terras e, sim, a própria morte.

A Bíblia está repleta de histórias que envolvem esses seres, aos quais os evangelistas chamam de anjos, palavra que quer dizer "mensageiro".

A estrela que guiou os três reis magos para conhecerem o Menino Jesus numa simples manjedoura outra coisa não era do que uma nave tripulada com anjos. O anjo que anunciou à Maria a concepção de Jesus outra coisa não era que não um espírito extraterrestre.

Na passagem da transfiguração de Jesus em que uma vez na vida física recebeu em visita os espíritos de Moisés e Elias, além de ter provado a comunicação entre os espíritos, mostra claramente que existe vida após a morte física e mais: que naquele momento, por não habitarem mais este planeta, Moisés e Elias eram (e ainda são!) extraterrestres.

O próprio Jesus, o maior representante de Deus na face da Terra, antes de aqui chegar, vivia onde? Em algum lugar extraterrestre...

Portanto, amigo, existem espíritos extraterrestres e encarnados nos diversos mundos (moradas) de Deus, igualmente extraterrestres. Também existem os bons e os maus.

Os bons já são espíritos muito evoluídos. Os maus são espíritos materialistas e pouco evoluídos, com os quais temos de tomar cuidado, mas que um dia, mercê de seus erros e acertos, deverão mudar da má condição para a boa, embora isso possa durar séculos, dependendo de cada caso.

"Vinde a mim, todos os que estais cansados e oprimidos, e eu vos aliviarei."
(*Mateus*, 11:28)

A DEPRESSÃO

"E quando a gente estiver depressiva como estou neste momento... o que fazer?"

– Saia, dê uma volta sempre que o pensamento depressivo aparecer (se for a pé, melhor). Veja as pessoas e repare como a vida é bela... sem pressa! Respire mais profundamente e, a cada passo e à medida que o tempo passar, uma visão nova irá lhe afastar do assunto que está te levando para a depressão.

Ou seja, cabe a você se dar a oportunidade de mudança em sua vida.

Tem muita gente que "torce o nariz" para livros de autoajuda, mas creia: se você não os esnoba, muitas vezes eles poderão ser de grande valia, desde que bons.

Claro que para os casos de depressão profunda, existem os psicólogos e psiquiatras, e estes não podem ser descartados.

Mas, cuidado! Sendo o seu caso espiritual, lembre-se de que a maioria dos psicólogos não acredita nisso. Aí, o melhor mesmo é, se você for espírita, procurar um bom centro para tomar passes e receber algumas orientações, caso contrário, sendo de outra religião, nunca será demais você procurar o seu orientador religioso.

Lembre-se de que a depressão só acontece pela soma de pensamentos depressivos. Por isso mesmo, sempre que vier um pensamento desses na sua mente, não lhe dê muita guarida; vá à luta e mude o seu estado mental e vibratório.

Procure distrair-se com aquilo que lhe dá prazer. E, principalmente, não se renda ao pessimismo!

Mas também não seja um otimista exagerado. Não. Reconheça o problema, não exagere na lamentação, dê-se um tempo de alegria, afastando-se do mau pensamento e, com equilíbrio, sentindo-se mais calmo e preparado, busque uma solução.

"Ó tu, moço ou jovem que te julgas abandonado pelos deuses, saiba que, se te tornares pior, irás ter com as piores almas, ou, se melhor, juntar-te-ás às melhores almas, e em toda sucessão de vida e morte farás e sofrerás o que um igual pode, merecidamente, sofrer nas mãos de iguais. É esta a justiça dos céus." (PLATÃO – Filósofo grego)

O "SERVO DE DEUS"

"Oi, Fernando, eu sou uma pessoa que acredita em Deus, mas não tenho o exagero que alguns religiosos apregoam. Não concordo com essa coisa de que você tem de ser "servo de Deus" para alcançar a salvação... Entendo que se você é uma pessoa justa, pratica o bem, é cumpridor dos seus deveres e é solidário, com certeza será sempre protegido por Deus, que lhe reservará um bom lugar no dia de sua passagem. O que você acha?"

– A mesma coisa que você, amigo. Eu prefiro a expressão "filho de Deus" à expressão "servo de Deus", mas entendo a limitação de quem usa e acredita nesse termo.

Veja bem: são aqueles que tomam a Bíblia, notadamente o Velho Testamento, ao pé da letra, não percebendo que, naquele tempo, essa expressão era perfeitamente válida, uma vez que "servo", naquela época, era usado para designar o empregado doméstico que, apesar de escravo, tinha algumas regalias acima dos escravos comuns.

Assim sendo, naquela sociedade, nada mais natural do que se dizer "servo". Hoje, os tempos são outros, a escravatura foi abolida e nenhum funcionário desta ou daquela empresa pode ser tido como "servo" do seu patrão.

Por isso mesmo, com a evolução dos tempos, percebemos que somos filhos de Deus, cada um na sua escala evolutiva, e que a cada um lhe será dado segundo o valor de suas obras, como disse Jesus.

"Acreditando como acredito na teoria do renascimento, vivo na esperança de que se não nesta vida atual, em outra vida eu possa abraçar toda a humanidade em um amplexo amigo." (Mohandas K. Gandhi - Mahatma Gandhi - Líder pacifista indiano)

O SUICÍDIO

"Fernando Sérgio, estou chocado! O avô de uma ex-namorada minha se jogou do oitavo andar por não suportar a saudade da esposa que morreu. Não consigo absorver o fato de que o amor seja um sentimento tão forte que a pessoa possa preferir a morte à saudade. Amigo, por que essas coisas acontecem?"

– Havendo desequilíbrio, amigo, lamentavelmente, a hipótese do suicídio estará sempre presente. O amor não conduz ao suicídio, mas sim a ignorância das coisas espirituais aliada a uma boa dose de desequilíbrio psicológico.

No caso desse senhor, ele não aprendeu que a morte é tão natural quanto o nascimento e, como diziam os antigos "ninguém ficará para semente". Personalidade fraca, apoiou-se na mulher como se fosse uma muleta, e nela amparado, vivia a vida sem perceber que cada um de nós tem de ser forte o bastante para enfrentar os problemas da vida.

Faltou-lhe orientação, percepção e sobretudo, amor-próprio. Faltou-lhe conhecimento espiritual, senão saberia que o suicídio não é saída para nada, a não ser para a continuação do próprio sofrimento.

Na vida espiritual, quem se suicida não vai imediatamente ao encontro de um ente querido que se foi, muito pelo contrário: torna-se paciente do próprio sofrimento e só depois de muito tempo (que pode parecer uma eternidade!) volta ao estado de plena recuperação. Assim sendo, o suicídio não se liberta, mas se autocondena.

De mais a mais, mesmo para quem não acredita na vida após a morte, ainda assim deve fugir do suicídio por óbvio: cometendo-o, irá privar seus entes queridos de sua presença por um bom tempo e, ainda assim, estará manchando a sua memória por muito tempo.

Ao contrário do que alguns pensam, o suicídio não é um ato destemido, mas sim, um ato de covardia diante da vida.

"Ouve, ó Deus, o meu clamor; atende à minha oração." (*Salmos*, 61:1)

O CÂNCER

"O que fazer diante do diagnóstico de câncer, ou mesmo quando se tem um ente querido com essa doença e terminal?"

– Os espíritos iluminados nos ensinam que as doenças não existem, mas, sim, pessoas doentes. Isto porque sabem que desde o início dos tempos convivemos com bactérias de todos os tipos, e elas só se manifestam como doenças quando o nosso sistema imunológico está fragilizado. Mas, mesmo isso sendo verdade, claro está que um diagnóstico de câncer abala qualquer um da família, mesmo os espiritualistas.

Eu mesmo tive uma pessoa muito querida na família que teve esse diagnóstico, tendo se submetido à extirpação cirúrgica do tumor e a algumas sessões de quimioterapia e inúmeras de radioterapia. Passado o espanto, toda a família juntou ao lado dela e ela, por sua vez, sempre otimista, conseguiu vencer a doença, porque descoberta a tempo.

No entanto, nem todos vencem. E quando isso acontece, a perda do ente querido traz luto e dor.

Mas, amigo, tanto no primeiro caso como no segundo, é preciso orar e lutar com todas as forças que a medicina tenha para, se possível, dar a recuperação ou o conforto à pessoa que se vai.

Caso você saiba, como eu sei, que a vida não termina com a morte física e que a morte outra coisa não é do que uma passagem, uma separação momentânea, claro que irá sofrer, mas terá a certeza do reencontro na pátria espiritual.

Caso o ente amado consiga a cura, agradeça sempre a Deus e aos médicos e aproveite ao máximo esse tempo extra que lhes foi dado.

Caso desencarne, chore, o que é natural, sofra a ausência, o que é normal, mas tenha a certeza de que você, sendo amado por aquele que se foi, tão logo possa passar da dor e da revolta para a saudade e a consequente alegria de ter convivido com ele, há de entender que essa atitude positiva muito contribuirá para que o espírito querido siga o seu caminho e, também, para que um dia possa haver o reencontro de vocês dois.

"Não fossem as dúvidas, jamais saberíamos as respostas." (ASHNA PAHLAVI – Lama tibetano)

O TERMO CORRETO?

"Há pouco, ouvi você dizer no rádio que é kardecista e, recentemente, critiquei um amigo porque disse o mesmo, já que o próprio Kardec nos diz que a doutrina é dos espíritos e, por isso mesmo, nos devemos chamar de "espíritas". Estou certo ou errado na minha crítica?"

– Nesse seu ponto de vista e remontando à codificação de Kardec (*O Livro dos Espíritos* foi lançado em Paris, em 18 de abril de 1857), você está correto. Mas quando eu digo que sou "kardecista ecumênico", proponho uma nova nomenclatura.

"Kardecista", primeiramente, como homenagem ao grande homem que foi o professor Hyppolyte Léon Denizard Rivail, nome de nascimento do grande Allan Kardec*. Depois, adoto essa expressão para esclarecer que sou adepto da codificação de Kardec e diferenciar das religiões afro-brasileiras, que também acabam sendo tidas pela população leiga como "espíritas", quando, na verdade, embora creiam na reencarnação, tanto a umbanda como o candomblé são religiões espiritualistas. Afinal, espiritualista é todo aquele que crê na vida do espírito ou, se preferir, na vida após a morte.

Agora, quando me qualifico como "kardecista ecumênico", quero dizer que não sou tão somente espírita, mas também um estudioso das religiões comparadas e as respeito, mesmo entendendo que algumas delas ainda se encontram no início de suas descobertas.

Caso fosse tão somente espírita, talvez preferisse esse termo de forma isolada, aliás, como você o prefere. Mas, entendo que melhor mesmo é me chamar de espiritualista, porém kardecista na base, sempre.

ALLAN KARDEC

O codificador da doutrina espírita

Foi em meio a um clima de mudanças e de reconstrução de um novo mundo que nasceu, em 3 de outubro de 1804, em plena era napoleônica, na cidade francesa de Lyon, Hippolyte Léon Denizard Rivail, que mais tarde adotou o pseudônimo Allan Kardec. Era filho do juiz Jean Baptiste-Antoine Rivail e de Jeanne Duhamel.

Após completar os primeiros estudos em Lyon, ele partiu para a Suíça, para completar seus estudos secundários na escola do célebre professor Pestalozzi, na cidade de Yverdon.

Pestalozzi o colocou como auxiliar nos trabalhos acadêmicos, tendo, algumas vezes, substituído o professor na direção da escola.

Denizard Rivail bacharelou-se em Letras e Ciências e falava fluentemente vários idiomas.

Após ser dispensado do serviço militar, ele fundou, em Paris, uma escola nos moldes de Yverdon, o Liceu Polimático. Empenhado no aperfeiçoamento pedagógico da educação francesa, escreveu vários livros sobre o assunto, tendo sido premiado pela Academia Real de Arras por seu trabalho, em 1831. Por essa época, casou-se com a professora Amélie Gabrielle Boudet.

Também organizou cursos concorridos de Física, Química, Astronomia e Anatomia Comparada. Depois de algum tempo, Rivail já tinha o necessário para viver com certo conforto e se dedicar ao ensino novamente.

Foi quando surgiu nos Estados Unidos um conjunto de fenômenos que deram início ao nascimento do espiritismo moderno; foram os fenômenos ocorridos em Hydesville, no estado de Nova Iorque, em 1848, na casa da família Fox, que era metodista e, portanto, longe de qualquer interesse por fatos que poderíamos, hoje, chamar de paranormais. Fortes pancadas que começaram a ser ouvidas no quarto das irmãs Katherine e Margaretta, e que se fizeram frequentes por várias semanas, levaram Katherina, à época com nove anos, a desafiar "o batedor" a reproduzir as pancadas que ela mesma daria. A prontidão das respostas acabaria por marcar o início do tipo de comunicação entre vivos e "mortos" denominado espiritismo (o termo "espiritismo" foi cunhado em 1857, por Rivail, para distinguir este movimento de outras escolas espiritualistas).

Nessa época, em Paris, ocorria com frequência o fenômeno das chamadas "mesas falantes" ou "mesas girantes", que consistia em se formularem perguntas ao redor de uma mesa ou outro móvel qualquer e elas serem respondidas por meio de pancadas.

Em 1854, Denizard ouviu falar pela primeira vez sobre tais fenômenos, mas sua primeira atitude foi de ceticismo: "Eu crerei quando vir, e quando conseguirem me provar que uma mesa dispõe de cérebro e nervos e que pode se tornar sonâmbula; até que isso se dê, deem-me as permissões de não enxergar nisso mais que um conto para provocar o sono".

Por insistência dos amigos, Rivail presenciou algumas das manifestações físicas das tais mesinhas. Depois da estranheza e da descrença inicial, ele começou a cogitar seriamente da validade de tais fenômenos: "De repente, encontrava-me no meio de uns fatos esdrúxulos, contrários, à primeira vista, às leis da natureza, ocorrendo em presença de pessoas honradas e dignas de fé. Mas, a ideia de uma 'mesa falante' ainda não cabia em minha mente". E ainda: "Pela primeira vez, pude testemunhar o fenômeno das mesas que giravam e pulavam em tais condições que dificilmente poderia se acreditar serem frutos de embuste ou fraude (...) Minhas ideias longe estavam de terem sofrido uma modificação, mas em tudo aquilo que se sucedia devia haver uma explicação" (Henri Sausse in: Allan Kardec, ed. Opus).

Foi em 1855 que Rivail testemunhou, pela primeira vez, o fenômeno das mesas girantes. Passou, então, a observar esses fatos. Pesquisou-os cuidadosamente e, graças ao seu espírito de investigação, resistiu para elaborar qualquer teoria preconcebida. Ele queria, a todo custo, descobrir as causas. Como disse Henri Sausse: "Sua razão repele as revelações, somente aceita observações objetivas e controláveis. Vários amigos que acompanhavam há cinco anos o estudo dos fenômenos colocaram à disposição de Rivail mais de cinquenta cadernos contendo as comunicações feitas pelos espíritos. O estudo desses cadernos constituiu, para Rivail, o trabalho mais profundo e mais decisivo. Foi por esse estudo que ele se convenceu da existência do mundo dos espíritos".

Ele utilizava o material dos cadernos, com as respostas dadas pelos supostos espíritos, para refazer as mesmas perguntas para outros médiuns, de preferência desconhecidos dos primeiros. Com base nas novas respostas, Rivail comparava o conteúdo de ambas, e ficava perplexo com as semelhanças frequentes entre eles.

A mediunidade

Como poderiam pessoas que nunca se viram darem as mesmas respostas para as mesmas perguntas, as quais possuíam, frequentemente, um grande peso filosófico e uma amplidão de conhecimentos que escapavam à formação ou aos conhecimentos normais dos médiuns? A única resposta lógica seria de que agentes inteligentes as dariam por intermédio de certas pessoas com uma sensibilidade psíquica especial: os médiuns.

Além do mais, Rivail notou que poderia existir uma extraordinária discrepância entre o desenvolvimento moral e intelectual de um médium e as comunicações obtidas em estado de transe, que na época se chamava "estado sonambúlico", ou, algumas vezes, de "mesmerização", nome devido ao pioneiro da hipnose, Mesmer.

Sendo assim, a faculdade de se comunicar com os agentes inteligentes invisíveis independe de grau de desenvolvimento espiritual do médium, havendo médiuns moralmente medíocres e até mesmo perversos, e outros médiuns de grande desenvolvimento moral que podem, uns e outros, receber mensagens de cunho elevado ou banal.

Por estarem numa dimensão diferente da nossa, esses agentes inteligentes invisíveis teriam de vivenciar uma realidade própria ao estado vibratório de sua dimensão que explicaria algumas características das respostas dadas. Isso abriria um imenso leque de cogitações e de explicações extraordinárias.

Mas Rivail não se deixou levar pelo entusiasmo. Assim, ele chegou às seguintes conclusões:

Se são agentes inteligentes não físicos que dão as respostas, nem por isso eles parecem ser muito diferentes dos homens vivos, pois suas respostas são parecidas com as repostas que qualquer homem daria. Inclusive dentro do nível de instrução a que tenham chegado, pois há respostas muito bem elaboradas junto com outras muito fúteis.

Algumas vezes, as respostas são dadas de forma não consciente pelo próprio médium. Então, seria o agente inteligente do próprio médium que daria certas respostas, em certas ocasiões. Essas repostas não são destituídas de valor; elas podem apresentar um extraordinário grau de maturidade, mesmo que sejam estranhas ao pensamento normal do médium quando em estado de vigília ou de consciência desperta.

Assim, Denizard Rivail reconhecia, clara e lucidamente, que as entidades, por serem seres extracorpóreos, nem por isso eram necessariamente mais sábias do que os homens encarnados. Elas mesmas diziam que nada mais eram do que os espíritos dos homens que já morreram e, por isso mesmo, continuavam tão humanas e cheias de falhas quanto antes. E mais ainda: Denizard Rivail antecipou-se extraordinariamente em mais de quarenta e três anos a Sigmund Freud (1856-1939) ao reconhecer uma ação inconsciente pessoal agindo sobre a manifestação mediúnica, algumas vezes.

O Livro dos Espíritos

Com o estudo meticuloso das respostas dadas pelos espíritos, por meio de diversos médiuns e em diversas localidades de diversos países, Denizard Rivail teve material suficiente para compor um livro. Ele fez uma lúcida introdução sobre seu trabalho no prefácio da obra que fez nascer o espiritismo: *O Livro dos Espíritos*, lançado em Paris, em 18 de abril de 1857. Na capa da obra, está o nome do autor, ou melhor, o seu pseudônimo, Allan Kardec. Rivail preferiu adotar esse nome para diferenciar sua nova obra dos trabalhos anteriores, voltados à educação e à pedagogia.

Vida e Sucesso
Uma Visão Espiritualista e Ecumênica do Nosso Tempo

E por que Allan Kardec? Bem, certa ocasião, depois repetida inúmeras vezes, um espírito, que se denominava Z, havia dito a Rivail que eles haviam sido amigos em uma vida anterior. Eles haviam vivido entre os druidas, na Gália, e o nome de Denizard Rivail era, na ocasião, Allan Kardec.

É incrível, porém mais uma vez uma antiga concepção fluente no ocidente desde Pitágoras, Sócrates, Platão e Plotino, entre os povos originários da Bretanha Maior e Menor, como os celtas, e nos chamados movimentos heréticos, como dos cátaros e a Ordem dos Templários, vinha à tona novamente na Europa: a ideia da reencarnação.

De uma profundidade filosófica e psicológica desconcertantes, *O Livro dos Espíritos* possui passagens e reflexões que vão muito além do nível de conhecimento ordinário de sua época de publicação, inclusive no que tange aos aspectos científicos da obra.

A ideia da reencarnação, por exemplo, é tão antiga e universal quanto a própria humanidade (ver o capítulo V de *O Livro dos Espíritos*), e é a base de diversas tradições filosóficas e religiosas do oriente, como o budismo e o hinduísmo, por exemplo, e de religiões pré-cristãs da Europa, como a dos druidas, ou, posteriormente, baseado no cristianismo, o posicionamento de alguns pais da Igreja antes do Concílio de Constantinopla, em 533, quando a doutrina da reencarnação foi abolida por motivos políticos, mas que é encontrada em figuras excepcionais da Igreja, como em Orígenes de Alexandria.

"Ele, porém respondendo, disse ao que lhe falara [anunciando a Jesus a presença de sua mãe e irmãos]: Quem é minha mãe? E quem são meus irmãos?. "E, estendendo a sua mão para os seus discípulos, disse: Eis aqui minha mãe e meus irmãos. Porque qualquer que fizer a vontade do meu Pai que está nos céus, este é meu irmão, irmã e mãe". (*Mateus*, 12: 48 a 50)

A INTOLERÂNCIA RELIGIOSA

"O que você acha desses religiosos que vivem criticando as religiões dos outros, Fernando?"

– Uma pena! São pessoas que usam a religião como se fosse time de futebol, ou seja, ou você é do meu time ou é meu "inimigo". E o que pior, esses "fiéis" passam a se julgar donos exclusivos da verdade; logo, aqueles que não rezam pela cartilha deles são "filhos do demônio". Discriminam mesmo!

E, aí, tem maus religiosos em todas as religiões, aqueles que chamam os outros de ignorantes e deitam falação. Outros atacam assim: "Aquilo é doutrina falsa!"...; "São discípulos de Satanás... Estão condenados ao fogo do inferno..."; "Fulano é 'papa-hóstia' e adorador de ídolos"; "Aquele lá é macumbeiro..."; "Só a minha religião tem a verdade"; "Aquele cara só pensa em dinheiro..."; " Isso é coisa de crente"... E por aí vão... Tem maledicência para tudo e não percebem que estão maledizendo...

Não percebem, se cristãos, que ao agirem assim, estão contrariando o que o próprio Cristo disse: "Amai-vos uns aos outros como eu vos amei".

Na verdade, todo aquele que tem intolerância religiosa é um espírito pouco evoluído e nada democrático, porque no fundo, no fundo, não admite que outros possam ter um pensamento filosófico que seja diferente do dele.

E aí, como as diferenças religiosas não vão acabar tão cedo, essas pessoas preconceituosas se sentem "soldados de Deus". Nessa visão militar e equivocada (porque Deus é amor e não faz a guerra!), esses tais começam a combater de tal forma as diferenças religiosas que, não raro, podem chegar à violência.

A história está aí para comprovar as guerras religiosas: cristãos contra muçulmanos na chamada Guerra Santa (que de santa não tinha nada!), na Idade Média; católicos contra protestantes na Irlanda do Norte; a perseguição aos judeus etc.

Quanta infelicidade provocada com mortes em profusão em nome da religião que se acha "certa", quando sabemos que Jesus não veio fundar esta ou aquela religião; pelo contrário, tão somente veio para salvar o homem da sua própria ignorância.

Tanta discriminação não ocorreria se seguíssemos, com o nosso coração, apenas cinco das afirmações a que aludimos:

1) "Não condeneis para não serdes condenados."
2) "Atira a primeira pedra aquele que nunca pecou."

3) "Olhas o cisco no olho do teu vizinho e não vês a trave no teu próprio olho."
4) "Vim pelos pecadores e não pelos justos."
5) "Amai-vos uns aos outros como eu vos amei."

"Constatando que existo hoje no mundo, creio que sempre existirei, sob uma forma ou outra; e, apesar das inconveniências a que está sujeita a vida humana, não me oporei a uma nova edição de mim mesmo, esperando, porém, que os erros da edição anterior sejam corrigidos." (BENJAMIN FRANKLIN – Ex-presidente dos Estados Unidos da América)

BEM-SUCEDIDO?

"Fernando Sérgio: com 51 anos de profissão, acredito, você é bem-sucedido. Como faço para obter o meu próprio sucesso?"

– Amigo, a palavra sucesso quer dizer bem-sucedido. É verdade que eu consegui pelo menos sobreviver razoavelmente na minha profissão por todo esse tempo e, provavelmente, essa façanha possa mesmo ser chamada de bem-sucedida.

Mas, veja, o tal do sucesso é, e sempre será, relativo, ou seja, circunscrito à minha profissão de radialista. No seu caso, ele há de se realizar se você for uma pessoa focada no seu objetivo.

O sucesso sempre necessita de foco. Não sei qual a sua profissão... mas você sabe.

Vale dizer que o homem tudo pode fazer, desde que seja uma única coisa de cada vez.

Foco, meu amigo, foco!

Centralize toda a sua atenção no seu objetivo, qualquer que seja ele; tenha uma autocrítica forte. Prepare-se e focalize diariamente o seu objetivo. Nossa mente espiritual trabalha em favor daquilo que queremos de forma clara e objetiva. De resto, trabalhe para que isso aconteça.

Assim, um dia você poderá dizer que teve sucesso naquilo que você focalizou... Mas também saberá que, apesar disso, todos nós, bem-sucedidos ou não, temos muito ainda que aprender.

"Lê-me, leitor, se encontrar prazer em me ler, porque muito raramente eu voltarei a este mundo." (Leonardo Da Vinci – Engenheiro, matemático músico, arquiteto, inventor e escultor italiano)

O ATEU QUE SONHOU

"Sonhei com Deus me dizendo que estava desanimado com o mundo devido às injustiças, aos crimes e a tanta incompreensão. Logo eu que sou ateu tive esse sonho... Será que estive com ele ou tal sonho foi fruto da minha imaginação?"

– Caro amigo, tudo nesse sonho procede: as injustiças, a inveja, a criminalidade que infelicita e, principalmente, pessoas falando em nome de Deus, mas com ausência Dele no coração.

Eu, amigo, quando muito jovem ainda, fui ateu por dois anos. O que me tirou do ateísmo foi a codificação de Allan Kardec e a leitura de de todos os seus principais livros (*O Evangelho Segundo o Espiritismo, O Céu e o Inferno, O Livro dos Espíritos, O Livro dos Médiuns* e *A Gênese*).

Caso não percebesse a lógica da vida espiritual, com certeza ainda hoje estaria ateu. Ao contrário do que alguns religiosos possam pensar, o ateu não é pior nem melhor porque desacredita de Deus. Na verdade, o ateísmo mostra uma pessoa que, estando na busca, não raro desiste porque as religiões mais simples lhe mostram uma teologia que agride a sua própria inteligência. Daí, das duas, uma: ou ele desiste da procura ou, merecedor que é por sua honestidade, é despertado pela espiritualidade.

Creia: o seu sonho foi verdadeiro, mas, por mais que o espírito que nele apareceu lhe tenha dito ser Deus, de fato não é. Todavia, ali esteve em nome Dele, mostrando que a sua sensibilidade não está errada, não. Quando esse espírito deixa a mensagem de que Deus estaria triste e desanimado, em última análise repercute o que você pensa e mais: o que todos nós que desejamos uma sociedade mais solidária e humanizada, pensamos.

Deus mesmo, ou seja, a força criadora é muito maior do que a nossa vã filosofia religiosa e jamais poderá estar triste por saber que tudo está em seu lugar. Não querendo convencer ninguém à filosofia que aceito, mas apenas ponderando para aquele que tiver olhos para ver, essa absurda crença de que a vida é só esta e que, depois dela, vem a absolvição ou a condenação é o que mais afasta as pessoas mais inteligentes da ideia de Deus.

Imagine que tipo de justiça de Deus é essa que coloca pessoas ricas ao lado das pobres; deficientes de toda a espécie ao lado de pessoas sãs; prostitutas ao lado de não prostitutas e, depois, Deus julga todo mundo por igual. Quer dizer que os tronchos irão para o céu depois de uma vida miserável, o mesmo céu que abrigará os riquinhos e bonzinhos que tiveram boa vida...

De outra forma, acreditar na ressurreição e não na realidade que é a reencarnação é não perceber a realidade da vida e, sobretudo, não perceber que Deus nos deu a vida, mas somos nós os responsáveis por ela ser melhor ou pior. Vale dizer, todos nós ainda estamos na infância da espiritualidade e falamos muito em Jesus, por exemplo, no entretanto, como você bem disse no texto, pouco fazemos para justificar o que ele disse: "Amai-vos uns aos outros como eu vos amei". Vale dizer, tem muita religião mas tem muito pouca espiritualidade. Tem muita gente orando mas muito pouca gente fazendo. E olha que a palavra "oração" pressupõe a soma de duas palavras: ora + ação.

"Tenho certeza de haver estado aqui mil vezes antes, tal como sou. E espero voltar outras mil vezes." (Goethe – Escritor e poeta alemão)

AS MORTES EM SANTA MARIA (RS)

"Fernando, amigo, te acompanho há muitos anos e queria mesmo escrever para ti. Sou gaúcho de Bagé, tenho 23 anos e o que me deu coragem para escrever foi essa tragédia que se abateu sobre Santa Maria, o incêndio que consumiu centenas de vidas jovens naquela boate. Por que Deus permite tamanha crueldade? Onde fica, agora, a teoria da prosperidade, apregoada por tantos pastores por aí?"

– Meu amigo, você me pergunta por que Deus permite que uma tragédia dessas aconteça, quando a pergunta deveria ser: "Por que permitimos que tragédias dessas aconteçam ainda entre nós?".

Deus nos deu a vida e a capacidade de aprendizado, mas, infelizmente, parece que não estamos administrando muito bem essa capacidade... Sempre achamos que Deus deve nos proteger e esquecemos de nos proteger mutuamente.

De fato, amigo, o acaso não existe. Pela lei da causa e do efeito, tudo o que fizermos, de bem ou de mal, acaba voltando para nós mesmos.

Foi assim que o espírito de Humberto de Campos explicou, através da psicografia do médium Chico Xavier, a morte de mais de quinhentas pessoas, na tragédia do Circo Americano, em Niterói, em 1961: segundo ele, todas aquelas pessoas que ali morreram teriam sido algozes dos cristãos na Roma antiga.

    Mas, respeitando a informação de tão iluminado espírito, nem sempre é isso o que acontece na totalidade dos sinistrados, nesta ou naquela tragédia... Tão certo como os dias passados influenciam o nosso presente e irão influenciar no nosso futuro, as nossas vidas (vivências) passadas também influenciam as nossas vidas atuais. Quando percebemos a realidade da reencarnação e, mais que isso, a realidade da vida espiritual como a verdadeira vida, aí começamos a perceber que a vida física outra coisa não é senão uma vida de aprendizado. Um curso!

    Explico: na vida espiritual, estaremos sempre com os nossos amigos e afins, porém isso não acontece na vida física, uma vez que nesta estaremos entre afetos e desafetos; isso para que possamos transformar um dia, se possível, os inimigos em amigos. Mas, nem sempre isso é possível no pouco espaço de uma só vida física. É por isso que temos várias vidas; ora no plano físico, ora no plano espiritual.

    Pois bem, a tragédia da boate de Santa Maria, lamentavelmente, ceifou centenas de jovens vidas. Provavelmente, um bom número desses que morreram podem estar reparando erros do passado e por decisão própria, uma vez que ainda no plano espiritual assim o decidiram, resgatando, com a morte física, algum tipo de tragédia parecida que teriam provocado em vidas passadas e em tempos diversos.

No meu entendimento, nem todos, porque não vivemos inteiramente reparando as nossas faltas do passado; pelo contrário e para usar um termo hindu, a cada dia nossas atitudes criam um novo carma, ou seja, a cada causa, um novo efeito. Seria muito fácil atribuir esse incêndio a uma vingança divina, ou mesmo ao fato de que todos os mortos ali tenham resgatado o mal que praticaram no passado por decisões próprias e anteriores a seus nascimentos.

Embora isso seja possível, parece-me mais sensato que entendamos que tal incêndio decorreu, em boa parte, da nossa própria imprevidência: uma boate que estava com a licença vencida, não renovada pelo Corpo de Bombeiros, uma casa de *show* fechada, com apenas uma saída de emergência. A mesma porta de entrada era a de saída e, ainda assim, espremida por um corredor que tinha a finalidade de não deixar o cliente sair sem pagar a comanda. Um ambiente fechado com duas mil pessoas num espaço em que, provavelmente, tão somente caberiam 500 pessoas com relativo conforto. O show de um grupo que usa pirotecnia, grupo este que não percebeu a precariedade do teto e sequer foi impedido de usá-la pelos organizadores da festa ou mesmo pelos donos da casa noturna.

Cruel, sem dúvida, muito cruel a morte desses jovens, mas que a dor de seus familiares e amigos possa servir para que os que ficaram tenham a consciência de que somos nós os responsáveis pela nossa segurança e quando não seguirmos corretamente os ditames de Cristo – "Amai-vos uns aos outros como eu vos amei" –, não haverá teoria da prosperidade que dê jeito.

Deus nos deu a vida, amigo, mas somos nós que temos de criar o paraíso na Terra para que, um dia, façamos jus ao paraíso espiritual.

"E os seus discípulos o interrogaram [a Jesus], dizendo: Por que dizem então os escribas que é mister que Elias [o profeta da Antiguidade e já morto àquela época] venha primeiro? E Jesus, respondendo, disse-lhes: Em verdade Elias virá primeiro e restaurará todas as coisas. Mas digo-vos que Elias já veio e não o conheceram, mas fizeram-lhe tudo o que quiseram. Assim farão eles também padecer o Filho do Homem. Então entenderam os discípulos que [Jesus] lhes falara de João Batista." (*Mateus*, 17:10 a 13)

O ADULTÉRIO

"Meu marido confessou ter me traído. Foi numa viagem de trabalho, ocasião em que ele ficou um mês fora de casa; segundo ele, foi uma vez só com uma moça estrangeira. Ele me pediu perdão, disse que estava muito só na época e alcoolizado e também disse que me ama muito. Fernando, meu mundo desabou e eu ouvi de algumas colegas que devia me separar dele. Só que o amo muito. O que faço, meu amigo?"

– Faça o que o seu coração mandar e não o que as suas colegas sugerem. Amiga, até hoje no rádio, de quando em quando, aparece alguma senhora procurando namorado e dentre estas, algumas contam história semelhante, afirmando que os maridos as traíram e que essas traições teriam sido a causa do término dos casamentos.

O curioso é que apesar de procurarem um novo amor, tais senhoras admitem a falta dos maridos que as traíram e dizem que apesar da traição, eles teriam sido o grande amor da vida delas.

Não dá para costurar o pano rasgado sem deixar a costura à mostra, da mesma maneira que não dá para fechar o ferimento sem deixar a cicatriz. O importante nesse seu caso é você, amiga, que admite que ama o seu marido, pesar na balança os prós e os contras de uma separação. Da mesma forma, se você o perdoar, deve exigir dele plena sinceridade e (por que não?) fidelidade, daqui para frente. Embora ele tenha cometido um grande erro quando esteve fora do País, por outro lado teve a sinceridade de confessá-lo.

E, sinceramente, percebendo o grande amor que você diz ter por ele, acredito que vale a pena perdoá-lo e tentar novamente para que você não se arrependa depois de não ter tentado...

"Não é o que entra pela boca que contamina o homem, mas o que sai da boca, isso é o que o contamina." (*Mateus*, 15:11)

A FÓRMULA DO SUCESSO

"Fernando, estou iniciando minha vida profissional e gostaria de saber o que fazer para ser uma pessoa bem-sucedida."

– Amigo, viver de uma forma responsável o seu dia a dia. Quando você fala em ser "bem-sucedido", isto não quer dizer tão somente ter dinheiro... Ter sucesso significa ser uma pessoa confiável, equilibrada, estudiosa, determinada, disciplinada e responsável. Como você vê, é a soma dessas qualidades que faz uma pessoa ser respeitada pelas demais.

Nos dias de hoje, muita gente pensa que basta ter dinheiro para ser "bem-sucedida".

Claro que nada tenho contra a pessoa rica, mas não é essa a ideia que faço do sucesso, até porque você pode ser rico por filiação, herança e até por ter ganhado na loteria...

Vale dizer que nesses casos, você será uma pessoa rica... sem ter tido muito esforço.

No geral, bem-sucedida mesmo é aquela pessoa, rica ou não, que lutou para conseguir o seu dinheiro, os seus bens, a sua posição e, sobretudo, uma pessoa capaz de ter responsabilidade social, que não seja uma pessoa desonesta.

Então, amigo, o que você tem de fazer é, primeiramente, ser uma pessoa responsável e, além disso, ser uma pessoa estudiosa, séria no fundamental e determinada nos seus objetivos.

Quando digo "estudiosa" significa que você tem de procurar saber qual é a sua vocação e, uma vez sabendo, preparar-se convenientemente nessa direção.

Com certeza, no início de uma vida profissional, você poderá receber muitos "nãos" e será aí que você terá de ser uma pessoa perseverante e determinada.

Finalmente, quando alguém acreditar em você e lhe der uma oportunidade de emprego ou trabalho, aí, amigo, você terá de ser uma pessoa positiva, agregadora e competente.

Mas lembre-se disso: não basta ser competente tão somente. Há também de ter o que alguns chamam de "jogo de cintura", ou seja, a capacidade de ser sociável e de entender que num trabalho coletivo, você não pode jamais ser o "dono da verdade". Conheço muitos profissionais que embora competentes ficaram muito aquém de suas possibilidades justamente por possuírem o chamado "gênio difícil" que, infelizmente, provoca convencimento excessivo, desprezo pelos colegas e, em última análise, um convívio difícil.

Para ser bem-sucedido na profissão e na vida se faz necessário aliar competência e capacidade de se relacionar com as pessoas de forma simples e objetiva.

"Queixar-se da vida, qualquer um é capaz, por isso não me assusto com problemas... Encontro as soluções." (Henry Ford – Engenheiro e inventor norte-americano, fundador da indústria automobilística Ford)

SUCESSO FINANCEIRO

"Ter sucesso financeiro é tudo na vida?"

– Não. É parte! No entanto, esse sucesso pode indicar uma pessoa trabalhadora, talentosa naquilo que faz ou, infelizmente, uma pessoa que é capaz de todo tipo de falcatruas para simplesmente ganhar dinheiro. Não é assim? Quantos corruptos e malfeitores endinheirados existem por aí?!

É por isso que Jesus nos diz: "De que adianta juntar tesouros na vida, onde as traças os destruirão? (...) mas juntei um tesouro moral no espírito (na mente), onde ele não poderá ser destruído (e colhereis um tesouro no céu).

No entanto, de forma honesta, nada se pode ter contra os ricos. Todavia, a cada um que é rico será cobrado se soube ou não redistribuir essa riqueza.

Como disse Jesus, "é mais fácil um camelo passar pelo fundo de uma agulha do que um rico entrar no reino dos céus". Penso que essa frase não deve apavorar os ricos e bem-sucedidos, apenas deve alertá-los de que toda riqueza é transitória, e assim o é para que todos tenham a oportunidade de geri-la bem, com responsabilidade e, por óbvio, repartindo-a por meio da empregabilidade e do progresso.

Vida e Sucesso
Uma Visão Espiritualista e Ecumênica do Nosso Tempo

A maior de todas as riquezas não está na Terra, mas sim no espírito de cada um. É a riqueza moral que jamais será comida pelas traças e, portanto, jamais será destruída.

"Em verdade vos digo que, entre os que de mulher têm nascido, não apareceu ninguém maior do que João Batista; mas aquele que é o menor no reino dos céus é maior do que ele." (*Mateus*, 11:11)

OS CONFLITOS RELIGIOSOS

"O que dizer daqueles que só oram para Jesus e combatem os santos, os espíritos, a Virgem Maria e até a invocação de espíritos?"

– A evolução da vida é feita de degraus, amiga. E cada degrau não foi feito para que nele estacionemos, mas para que nele apoiando um de nossos pés possamos ter o impulso necessário para chegarmos ao outro, mais elevado...

Tais pessoas são honestas, devem ser respeitadas em suas crenças, mas argumentam com limitado conhecimento.

Prestando atenção na fala de Jesus, mais acima, percebemos a realidade de que o menor no reino dos Céus é maior do que João Batista, que foi o maior entre nós.

Ora, nessa frase de Jesus está explícita a existência "dos que não nasceram de mulher (espíritos!) e mais, a existência do menor no reino dos céus que, segundo o Mestre, é maior do que qualquer um de nós.

Assim sendo, aquele que reza para este ou aquele santo estará pedindo a um "que não nasceu de mulher" uma intercessão a Jesus ou mesmo a Deus. Aquela que ora pedindo ajuda a Maria, na verdade, está pedindo a intermediação daquela que foi escolhida para ser a mãe de Jesus na Terra, portanto, possuidora de muitos méritos.

E sinceramente, como Jesus poderá negar um pedido de sua mãe, desde que justo?!

Aquele que invoca os bons espíritos e o esteja fazendo para o bem, psicofonando ou psicografando, está trazendo para a Terra, como se fosse um receptor de rádio, testemunho dos espíritos santos de Deus (conhecidos de muitos no termo coletivo "Espírito Santo") e, se para o bem, mesmo recebendo a fala do "menor espírito nos céus", estará recebendo a fala daquele que, ainda que sendo pequeno lá, é maior do que qualquer um aqui, palavras de Jesus.

Muitos dos que negam essa comunicação entre os encarnados e desencarnados não o sabem, mas exercem essa mesma comunicação de forma diária e intuitivamente nos púlpitos das igrejas. Outros argumentam que disse Jesus "deixai que enterrem os seus mortos e sigam-me" como se isso mostrasse, de forma clara, "deixai os mortos aos mortos".

E é isso mesmo. Sabe Jesus que não existem mortos. Na verdade, apenas enterramos os corpos que, um dia, foram utilizados pelo espírito. Isso porque os espíritos dos que se foram continuam vivos na espiritualidade. E, se bons (evoluídos), podem, perfeitamente, ser nossos interlocutores diante de Deus.

"Eu a tinha amado numa vida passada e ao olhá-la nesta vida soube, imediatamente, que tinha reencontrado meu grande amor." (Aulus – Espírito)

VIDA PASSADA

"Caro Fernando: é possível a gente se lembrar de uma vida passada de forma espontânea?"

– É sim, amigo, embora não seja tão comum. Vou lhe contar um caso vivido por mim.

Passei o ano de 1992 dirigindo uma rádio em Angra dos Reis e, tendo estudado a espiritualidade a vida inteira, ministrei um curso de parapsicologia na extinta Livraria Kronstadt, no Beco das Artes. Este curso seria o embrião de outros similares que eu passei a ministrar, anos mais tarde, na Universidade Estácio de Sá, no *campus* do Rio Comprido.

Então, durante o dia, dirigia a rádio e à noite, dava o curso para cerca de 60 alunos, e não misturava as atividades.

Um dia, à tarde, a portaria da rádio avisou-me que um casal me procurava. Ele, um cantor negro de um famoso hotel e que aqui vou chamar de Mário e ela, sua namorada, loirinha e muito branca, a quem vou chamar de Ana, preservando os seus nomes verdadeiros.

Mário e Ana entusiasmavam quem os conhecia, pela grande ligação de amor entre os dois.

Naquela tarde, na minha sala, Ana foi quem tomou a iniciativa de contar que toda vez que fazia amor com

Mário, da metade do ato para o final, ele praticamente incorporava uma personalidade carinhosa mas que lhe falava em língua estranha. Foi só a Ana me falar isso que tal personalidade apareceu em Mário e me perguntando, em alemão, "Sprechen Sie Deutsch?" (Você fala alemão?) Eu compreendi porque tenho uma noção mediana desse idioma, mas não sou fluente; entendo mais do que falo.

Diante daquela pergunta e percebendo que não *poderia* manter um diálogo proveitoso em alemão, perguntei à entidade se ela falava inglês, idioma no qual tenho uma fluência razoável. Ela me disse que sim e, aí, mantivemos um proveitoso diálogo com aquela "lembrança da vida passada".

A entidade explicou porque surgir justo no momento do sexo. Na verdade, no início da II Guerra Mundial, nosso negro Mário de hoje era um rapazote de 19 anos, ariano, chamado Fritz Johansen, que namorava Helga Horn, que era ninguém menos do que a nossa Ana de hoje. Os dois estavam apaixonados e ao saber que Fritz tinha sido convocado como soldado para a invasão da Polônia, na última noite antes da sua partida para o f*ront,* Ana perdeu a virgindade com ele. Nos dias que se sucederam, Fritz tentava esquecer o fato durante os seus treinamentos militares, pois não se conformava de " ter feito mal à moça", segundo as suas próprias palavras. Dava-se que Fritz era músico, que sabia tocar piano muito bem. Na noite que antecedeu a sua morte na trincheira, Fritz compôs a "Sinfonia para Helga", mas não teve tempo de mostrá-la para a amada, uma vez que uma bala tirou dele sua vida física. Aquele ato ficou na memória do seu espírito imortal.

Nos anos 70, Fritz reencarnou como Mário, em Três Corações, Minas Gerais, e Helga, dois anos depois, como Ana, em Joinville, Santa Catarina.

Num certo verão, enquanto Mário cantava no hotel em que Ana se hospedara com a família, foi amor à primeira vista. Os dois se apaixonaram e Ana resolveu morar com Mário, situação que já viviam há dois anos quando eu os conheci.

Foi isso que a entidade, falando num inglês cheio de sotaque, me contou, e ainda me disse que jamais sossegaria enquanto não tocasse para a sua Helga (Ana!) a sinfonia que compusera para dizer o quanto a amava e respeitava.

Foi assim que, naquela mesma noite, na Livraria Kronstadt, diante dos meus 60 alunos e do dono da livraria, o saudoso Edson Heldt, providenciei um teclado após contar essa história para a plateia.

O cantor Mário, que jamais tocara um instrumento sequer, tomado pela personalidade alemã, tocou a sua linda sinfonia num momento de grande comoção, o que levou todos os presentes às lágrimas. Para mim, foi uma das mais belas demonstrações da imortalidade do amor e, consequentemente, do espírito.

"Amai-vos uns aos outros como eu vos amei." (Jesus)

OS GAYS

"Amigo, responda com sinceridade: você é simpatizante dos gays?"

– Sou simpatizante da vida, da tolerância e da compreensão entre os homens. E quando dou essa resposta, não raro, alguém contra-argumenta: "Ah! Isso é porque você não tem um filho *gay*...". Aí digo que se tal acontecesse, por mais difícil que fosse tal aceitação, meu amor pelo meu filho *gay* seria o mesmo. Aliás, essa é a obrigação dos pais! Amar de forma incondicional!

Gay não é marginal, apenas diferente.

Eu jamais fui *gay*, e embora achando que sei a causa espiritual disso, confesso que a atração física por uma pessoa do mesmo sexo é algo que jamais senti, mas nem por isso deixo de perceber que ela existe.

Aliás, conforme os veterinários já constataram, o homossexualismo existe até entre os animais irracionais...

Quer gostemos ou não, são fatos da vida!

Assim, encaro a homossexualidade como algo que existe e, longe de ser uma doença, é, sim, algo genético, físico e espiritual com razões bem complexas para que sejam explicadas pela nossa vã filosofia.

Por isso mesmo é que discordo daqueles que citam frases do tipo "amamos os homossexuais, mas condenamos o homossexualismo".

Infelizmente, expressam uma manifestação de julgamento, ou seja, "só te amo se você mudar...". O pior é que, quando citam o episódio de Sodoma e Gomorra na Bíblia, quando o pretensamente "deus" teria incinerado os sodomitas, não são capazes de perceber que esse "deus" pretensamente sábio teria tido, momentaneamente, um grande defeito humano: o da raiva, uma reação emocional que deflagra o ódio, único mau sentimento que pode fazer com que alguém, fora do seu juízo, aniquile o seu próximo.

E aí, no caso, o "deus" em questão teria cometido um genocídio.

Aliás, cientistas não acharam até hoje uma prova de que essa passagem bíblica tenha sido real.

Mas, por conta dela, existem manifestações muito curiosas, como uma que eu li, segundo a qual "ninguém escapa da ira de Deus".

Vale dizer: para essa gente, esse "deus" tem de ser um déspota e vai acabar com todos os seus inimigos...

O curioso é que esse tal "deus", assim mesmo, com "d" minúsculo e raiva humana, seria exatamente o contrário do que Jesus nos diz até hoje: "Em verdade vos digo que não perderei uma só ovelha do meu rebanho".

E, pelo menos para mim, o rebanho de Jesus é composto por toda a humanidade.

Por outro lado, de que adiantaria um "deus assassino" se Jesus nos diz que existe vida após a morte?

Que saibamos compreender que o condenável é o mau-caratismo, a marginalidade, a corrupção, o racismo e a intolerância para com as minorias.

Que possamos entender que o Deus verdadeiro, com "D" maiúsculo, é mesmo o Grande Arquiteto do Universo que, sábio e paciente, espera que cada um de nós aprenda a conviver com as diferenças e que, sobretudo, possa seguir o grande ensinamento do maior de todos os mestres que já passou pela Terra, Jesus: "Amai-vos uns aos outros como eu vos amei". E, mais ainda, "não condeneis para não serdes condenados".

"Amai-vos uns aos outros e sereis felizes. Dedicai-vos principalmente à tarefa de amar aqueles que vos inspiram indiferença, ódio e desprezo. O Cristo, de quem deveis fazer o vosso modelo, deu-vos o exemplo desse devotamento. Missionário do amor, Ele amou até dar o seu sangue e a sua vida." (ALLAN KARDEC – *O Evangelho Segundo o Espiritismo*, XII:10)

O AMOR

"Amigo Fernando Sérgio, o que você tem a dizer sobre o amor?"

– Nada que você não saiba, amigo. Deus é amor; logo, o amor é tudo.

Jesus, o sublime peregrino, nos brindou com a frase "Amai-vos uns aos outros como eu vos amei" e nos disse mais: " Eu sou o caminho, a verdade e a vida". E é mesmo: com essas duas pequenas frases, o Mestre sinalizou o caminho a seguir.

Deu-nos, com o sacrifício da sua própria vida física, a certeza daquilo que ele fala: existe vida após morte! E também nos deu um roteiro a seguir, o mais importante de todos os roteiros: a única saída do sofrimento é por meio do caminho que Jesus nos aponta desde aquela época, ou seja, o amor incondicional.

Enquanto o ser humano sacrificar animais sem necessidade, enquanto houver o racismo na face da Terra, enquanto religiosos brigarem entre si pela exclusividade das palavras de Jesus, enquanto tudo isso houver, estaremos nos afastando cada vez mais do amor incondicional, única saída para todo o sofrimento humano. Só o amor salva!

"Caro Fernando Sérgio, você sempre diz que é "espírita ecumênico". Por favor, me explica isso..."

– Amigo, a palavra ecumênico tem sua origem no vocábulo grego *oikoumene*. Este, por sua vez, é derivado da palavra *oikos*, que significa casa, lugar onde se vive, espaço onde se desenvolve a vida doméstica, onde as pessoas têm um mínimo de bem-estar. No Novo Testamento, essa palavra é usada em várias ocasiões (ver Mateus 24.14; Lucas 2.1; 4.5; 21.26; Atos 11.28; Romanos 10.18; Hebreus 1.6; 2.5; e Apocalipse 12.9), para se referir ao "mundo inteiro", a "toda a Terra" e, também, ao "mundo vindouro".

Quando se fala hoje que algo é ecumênico, seu significado quer abranger toda a espécie humana, em sentido universal. E, de fato, o ecumenismo é pensado, em termos religiosos, para alguns, como a união de todas as religiões do Cristianismo. No entanto, o meu ecumenismo é mais amplo: acho que essa união deve ser irrestrita com as religiões cristãs e não cristãs e, indo mais além, até com os ateus, desde que essas religiões e pessoas sejam voltadas para o bem e para a dignidade humana. Para mim, o ecumenismo irrestrito é a única forma de o ser humano encontrar a paz e, respeitando o pensamento que lhe é diferente, resgatar o próprio respeito. No Brasil, temos um bom exemplo disso: o que é ministrado pela "Religião de Deus", braço religioso da Legião da Boa Vontade (LBV), criada pelo inesquecível Alziro Zarur.

Fundada em 01/01/1950 pelo poeta e radialista Alziro Zarur, a Legião da Boa Vontade (LBV) tem como diretor presidente o jornalista e educador Paiva Netto, autor de vários livros de grande valor. Reconhecida no Brasil e no exterior por seu trabalho nas áreas de educação e assistência social, a LBV atua em prol de famílias de baixa renda, somando, ao auxílio material, os valores da espiritualidade ecumênica.

Nessas mais de seis décadas, a LBV expandiu seu trabalho para todo o Brasil, pela América Latina, EUA e Europa – desde 1999, a LBV tem o status consultivo geral no Conselho Econômico e Social das Nações Unidas), atuando incessantemente na formação integral do ser humano e de seu espírito eterno.

Faço votos de que as demais religiões sigam esse exemplo dignificante, tornando o ecumenismo algo que nos aproxime cada vez mais do principal mandamento de Jesus: "Amai-vos uns aos outros como eu vos amei".

Em seu artigo "A morte não é o fim" e em "Diretrizes Espirituais da Religião de Deus" (vol. I, p. 157), escreve o presidente pregador da Religião Divina, José de Paiva Netto, autor da assertiva *"O mundo espiritual não é uma abstração"*: *"Nada morre. Basta ver que o cadáver, que vestiu o Espírito, também se transforma em Vida. A morte é um boato".*

Alziro Zarur ensinava que *"não há morte em nenhum ponto do Universo. Deus não é morte. É Vida. E Vida Eterna. O próprio Jesus revelou aos Seus discípulos que o Pai Celestial universalmente governa Seres Imortais"*. E arrematou: *"Por não acreditardes nesta realidade, viveis equivocadamente. Aqueles que amamos não morrem jamais, mesmo já se encontrando no Mundo Espiritual. Muitos permanecem ao nosso lado, ajudando-nos; outros podem estar precisando de nossas preces. Oremos por eles, para que quando chegue a nossa vez alguém ore por nós, e agradeçamos a Deus por ser 'Deus de vivos'. Os mortos não morrem".*

"Deus é Espírito, revelou Jesus. Antes de ser visto é para ser vivido na intimidade humana, como Amor! A Face do Criador

Supremo só pode ser identificada na Alma das Suas criaturas: Amai-vos como Eu vos amei. Ninguém tem maior Amor do que este: doar a própria vida pelos seus amigos, conforme ensinou o Cristo. Eis aí a Face de Deus: quanto mais amamos, mais Ele se manifesta em nós." (PAIVA NETTO – Jornalista e educador brasileiro)

SIMPLES ASSIM!

Pelo espírito Emmanuel, psicografia de Chico Xavier
(Publicação da Federação Espírita Brasileira – FEB)

Você nasceu no lar que precisava nascer, vestiu o corpo físico que merecia, mora onde melhor Deus te proporcionou, de acordo com o teu adiantamento.

Você possui os recursos financeiros coerentes com tuas necessidades... nem mais, nem menos, mas o justo para as tuas lutas terrenas.

Teu ambiente de trabalho é o que você elegeu espontaneamente para a sua realização.

Teus parentes e amigos são as almas que você mesmo atraiu, com tua própria afinidade.

Portanto, teu destino está constantemente sob teu controle.

Você escolhe, recolhe, elege, atrai, busca, expulsa, modifica tudo aquilo que te rodeia a existência.

Teus pensamentos e vontades são a chave de teus atos e atitudes. São as fontes de atração e repulsão na jornada da tua vivência.

Não reclame, nem se faça de vítima.

Antes de tudo, analisa e observa.

A mudança está em tuas mãos.

Reprograma tua meta, busca o bem e você viverá melhor.

Embora ninguém possa voltar atrás e fazer um novo começo, qualquer um pode começar agora e fazer um novo fim.

"As religiões são caminhos diferentes convergindo para o mesmo ponto. Que importância faz se seguimos por caminhos diferentes, desde que alcancemos o mesmo objetivo?" (Mahatma Gandhi – Líder pacifista indiano)

O LAMENTÁVEL FUNDAMENTALISMO FANÁTICO

Fernando Sérgio Grandinetti Pinto

O fundamentalista fanático é aquele que só tem um fundamento! Seja agnóstico, cristão, muçulmano, judeu etc., ele pensa que só ele é o dono da verdade.

Em geral, são pessoas que têm a chamada cultura de almanaque, que no caso, repito, o tal almanaque é um livro só.

Vida e Sucesso
Uma Visão Espiritualista e Ecumênica do Nosso Tempo

Não que tenham lido um livro só durante a vida, não. Mas os demais livros, sagrados ou não, somente são olhados com desprezo e para serem combatidos.

O tal do fundamentalista não raro se expressa bem e age mal. Desagregador e por se achar pertencente a um grupo que "sabe a verdade", quer impor essa verdade aos demais e se isso não conseguir, deita falação do único livro que realmente pensa saber, e tome de textos decorados, até porque de si próprio pouco tem de raciocínio e muito menos de pesquisa.

São esses fundamentalistas que, à época de do cardeal Richelieu, causaram tantas mortes na fogueira da Inquisição pretensamente cristã.

São os mesmos fundamentalistas que ainda hoje causam o terrorismo dos homens-bomba, injustamente atribuído a todos os muçulmanos, uma vez que somente os fundamentalistas são capazes de tais loucuras.

São esses fundamentalistas que a pretexto da pregação do amor, não se conformam com os que lhes são diferentes e na falta de argumento, acenam com o fogo do inferno, enquanto esperam ansiosamente pela ação de um deus que para eles, além de déspota, é vingativo.

São tão limitados que não percebem que Deus – em qualquer religião – é tido como onisciente e, justamente por Deus saber tudo, esse deus minúsculo já saberia, desde os primórdios, aqueles de dentre nós estariam salvos e aqueles que estariam perdidos. E mesmo assim, esse deus, déspota, poria todos numa só vida, disputando em pouco menos de 100 anos a glória ou a danação eternas e, suprema crueldade divina (?), sem saberem que já estariam previamente absolvidos ou condenados.

Por causa desses fundamentalistas absolutamente equivocados em todas as religiões, é que historicamente têm acontecido tanta descrença, tantos crimes e até guerras, bastando ver, como exemplo, a perseguição de Hitler aos judeus.

Ainda bem que em todas as religiões, cristãs e não cristãs, aumentam cada vez mais o sentimento de respeito mútuo às diferenças e a certeza de que amar ao próximo como a si mesmo não é conflitar, mas convergir. Minhas homenagens aos seguintes personagens não fundamentalistas ao longo da História: SÓCRATES, LEONARDO DA VINCI, MADRE TEREZA DE CALCUTÁ, ALLAN KARDEC, PASTOR MARTIN LUTHER KING, DOM HÉLDER CÂMARA, SIDARTA GAUTAMA (BUDA), CHICO XAVIER, LÉON DENIS, MAHATMA GANDHI, DALAI LAMA, JOÃO XXIII, e o maior de todos, JESUS. Além de outros que você há de acrescentar.

Deus seja louvado!

PALAVRAS FINAIS

Creio profundamente em Deus e na tolerância entre as pessoas. Sei que Deus é amor e não é conflito. Por isso, repudio toda e qualquer intolerância a qualquer boa forma de expressão humana.

Não comungo das acusações entre religiões, nem mesmo aquelas feitas aos ateus. Quando na Terra, Jesus nos disse que o maior dentre os homens era João Batista, mas o menor dentre os do reino dos Céus era maior do que ele.

Isso mostra o quão pequeninos somos. Daí, ficar condenando os que lhe são diferentes denota usá-los como muletas da nossa crença na base do "veja como estou com a razão...". Não é legal. Jesus nos disse "amai-vos uns aos outros como eu vos amei" e não "conflitai-vos uns com os outros".

O debate é sadio; a discussão é lamentável. Mas deve o debate seguir até onde surgir o impasse e, depois disso, cada um deve respeitar a convicção diferente do outro e, por isso mesmo, encontrar os pontos de convergência e não de divergência.

Que cada um de nós tenha a sua verdade e a mantenha, mas que Deus nos oriente e nos perdoe pela nossa pouca sabedoria. Ainda somos crianças espirituais! E por isso mesmo, a cada minuto, a cada dia, descobrimos novas "verdades", assim mesmo, entre aspas, no aguardo da grande verdade, que só há de chegar com a maturidade espiritual para todos, crentes e descrentes. E que ela seja traduzida no respeito mútuo e na crença de que só o amor é e será capaz salvar os homens! Como disse nosso Mestre Jesus, que atire a primeira pedra aquele que nunca pecou. Eu, réu confesso, não tenho forças para isso...

Finalmente, agradeço a Deus a oportunidade de ter escrito esta obra, sem nenhuma outra preocupação que não seja a de amar o meu próximo da mesma forma como Jesus nos amou.

Fernando Sérgio Grandinetti Pinto

> E havia entre os fariseus um homem, chamado Nicodemos, príncipe dos judeus. Este foi ter de noite com Jesus, e disse-lhe: "Rabi, bem sabemos que és Mestre, vindo de Deus; porque ninguém pode fazer estes sinais que tu fazes, se Deus não for com ele". Jesus respondeu, e disse-lhe: "Na verdade, na verdade, te digo que aquele que não nascer de novo não pode ver o reino de Deus". Disse-lhe Nicodemos: "Como pode um homem nascer, sendo velho? Pode, porventura, tornar a entrar no ventre de sua mãe, e nascer?". Jesus respondeu: "Na verdade, na verdade, te digo que aquele que não nascer da água e do Espírito não pode entrar no reino de Deus. O que é nascido da carne é carne, e o que é nascido do Espírito é espírito. Não te maravilhes de te ter dito: Necessário vos é nascer de novo. O vento assopra onde quer, e ouves a sua voz, mas não sabes de onde vem, nem para onde vai; assim é todo aquele que é nascido do Espírito". Nicodemos respondeu, e disse-lhe: "Como pode ser isso?". Jesus respondeu, e disse-lhe: "Tu és mestre de Israel e não sabes isto? Na verdade, na verdade, te digo que nós dizemos o que sabemos, e testificamos o que vimos; e não aceitais o nosso testemunho. Se vos falei de coisas terrestres e não crestes, como crereis, se vos falar das celestiais?"... (*João* 3:1 a 12)

Este livro foi impresso nas oficinas gráficas da Editora Vozes Ltda.,
Rua Frei Luís, 100 – Petrópolis, RJ.